Ursel Scheffler lebt in Hamburg.
Sie ist eine der erfolgreichsten deutschen Kinderbuchautorinnen. Am liebsten schreibt sie Krimis und Abenteuergeschichten. Ihre Erzählungen sind bereits in viele Sprachen übersetzt worden.

Claudia Fries, 1967 geboren, studierte Kommunikations- und Buchdesign in Hamburg und Trier. Einige Zeit lebte sie in Österreich und in München, jetzt wohnt sie auf einem Bauernhof im Hunsrück. In der Fischer Schatzinsel hat sie auch ›Die schönsten Erstlesegeschichten von Christian Bieniek‹ (Bd. 80582) illustriert.

Unsere Adresse im Internet: www.fischerschatzinsel.de

Die schönsten Erstlesegeschichten von Ursel Scheffler

Mit Bildern von Claudia Fries

Fischer Taschenbuch Verlag

Fischer Schatzinsel
Herausgegeben von Eva Kutter

Veröffentlicht im Fischer Taschenbuch Verlag,
einem Unternehmen der S. Fischer Verlag GmbH,
Frankfurt am Main, Juni 2006

Satz: Pinkuin Satz und Datentechnik, Berlin
Druck und Bindung: Clausen & Bosse, Leck
Printed in Germany
ISBN-13: 978-3-596-80644-7
ISBN-10: 3-596-80644-5

Nach den Regeln der neuen Rechtschreibung

Inhalt

Detektivgeschichten

Räubergeschichten

Weltraumgeschichten

Detektivgeschichten

Was man über Detektive wissen muss

Es gibt große und kleine, dicke und dünne, alte, junge, flinke und langsame Detektive. Sie können blonde oder schwarze Haare

haben. Manche haben auch eine Glatze, einen Bart oder eine Perücke.
Es gibt Privatdetektive, Kaufhausdetektive oder Geheimagenten.
Manche rauchen Pfeife wie Sherlock Holmes. Manche haben ein Glasauge wie Columbo. Manche sind klein und rund wie Kommissar Kugelblitz. Natürlich gibt es auch superschlaue Detektivinnen wie Miss Marple. Oder Tierdetektive wie Harry und Fox: zwei Typen cool wie Hundeschnauze.
Ihr seht, es ist also ganz egal, wie Detektive aussehen. Hauptsache, sie lösen einen Fall.
Um ein guter Detektiv zu sein, braucht man vor allem Beobachtungsgabe und einen geschulten Verstand. Der ist wichtiger als Lupe und Fingerabdruck-Pulver.
Und man braucht tüchtige Assistenten. Solche wie Max und Mehmet im »Detektivclub Schwarze Mütze«.
Das Lesen von Detektivgeschichten ist so etwas wie Gehirnjogging für Detektive.

Das behauptet jedenfalls Lara, die Chefin vom »Detektivclub Schwarze Mütze«. Ausprobieren müsst ihr es selber.

Detektivclub Schwarze Mütze

Lara hatte schon siebzehn Krimis gelesen. Jetzt wollte sie endlich einen eigenen Fall lösen. Aber ein Detektiv allein tut sich höllisch schwer. Darum beschloss sie einen Detektivclub zu gründen.

Eigentlich gab es nur zwei in der Klasse, die für so etwas in Frage kamen.
Das waren Max und Mehmet.
Max war gleich begeistert, als Lara ihm von ihrer Idee erzählte. Krimilesen war zwar nicht so sein Fall. Er guckte lieber Videos. Und Mehmet spielte eigentlich lieber Fußball. Aber ein Detektivclub? Das war einfach cool.
»Wenn ihr euch nicht ausgerechnet dann trefft, wenn ich Training habe, bin ich dabei!«, sagte Mehmet.
Das erste Treffen fand auf dem Dachboden bei Laras Oma statt. Da gab es eine gemütliche alte Bodenkammer, die ganz, ganz früher einmal als Gästezimmer benutzt worden war.
»Hier sind Papier und Bleistifte, Lupe, Taschenlampe, Sonnenbrillen und Fingerabdruckpulver«, sagte Lara und zog die oberste Schublade einer alten Kommode auf. »Das können wir sicher gut gebrauchen.«

»Telefon wär noch gut«, murmelte Mehmet. »Ich leih mir das Handy von meiner Schwester. Wenn wir ihr die Gespräche bezahlen, ist sie bestimmt einverstanden«, sagte Max.
»Und wie heißt unser Club?«, fragte Mehmet.
»DSM«, sagte Lara und lächelte geheimnisvoll. Sie zog aus einer Tüte drei schwarze Schirmmützen. Auf denen stand in weißer Schrift: DSM.

»Das heißt doch ›Distlers Supermarkt‹«, sagte Max enttäuscht.
»Quatsch. Früher vielleicht mal. Jetzt heißt es ›Detektivclub Schwarze Mütze‹«, sagte Lara.
»Stark!«, sagte Mehmet beeindruckt. »Man merkt, dass du viele Krimis gelesen hast.«
»Tja, dann brauchen wir nur noch einen Fall«, seufzte Max.
Damit sprach er aus, was alle dachten.
»Hm«, sagte Lara.
»Stimmt«, murmelte Mehmet. »Aber woher nehmen und nicht stehlen?«
»Stehlen!«, rief Max und sprang hoch.
»Heut beim Frühstück hat Papa aus der, Zeitung vorgelesen, dass in ›Distlers Supermarkt‹ so viel geklaut wird. Wir können ja mal Herrn Distler fragen, ob wir ein bisschen aufpassen können.«
»Viel zu auffällig!«, fand Lara. »Wir müssen geheim ermitteln. Undercover nennt man das. Wir könnten nach der Schule dort jobben. Sachen auspacken, Regale

einräumen und so. Das hat mein Bruder im letzten Sommer gemacht und hat sich so das fehlende Geld für sein Mountainbike verdient.«
»Geeenau! Und dabei werden wir nach Ladendieben Ausschau halten. Gute Idee!«, sagte Max. »Sag mal, brauchen wir nicht einen Detektivausweis? Ich meine, falls wir jemanden schnappen ...«
»Ich werde unseren Trainer Franz Wolf fragen. Der ist Kriminalkommissar«, rief Mehmet. »Und jetzt muss ich leider flitzen. Sonst krieg ich vor dem Anpfiff noch einen Anpfiff.«

Als Mehmet von seinem Trainingsspiel zurückkam, stürmte er ins Detektivbüro: »Seht mal, was ich habe!«, rief er. Er schwenkte drei Detektivausweise.
»Von Franz! Er findet unsere Idee toll. Er meint, wir könnten Ladendiebe sicher unauffälliger beobachten als er. Franz ist mit mir gleich nach dem Training auf dem

Revier vorbeigefahren, um die Ausweise zu holen. Wir sollen ihn anrufen, wenn wir etwas Verdächtiges bemerken. Seine Kollegen wissen auch Bescheid, falls er mal nicht da ist. Uff, jetzt bin ich fertig.« Mehmet ließ sich auf eine der alten Matratzen plumpsen, die in der Bodenkammer herumlagen.
»Das hast du super hingekriegt, Mehmet!«, sagte Lara, die hoch zufrieden den Ausweis studierte. »Mit Stempel und allem.«
»Ach, noch was!«, rief Mehmet und sprang wieder hoch. »Als wir auf dem Revier waren,

kamen gerade zwei Verlustanzeigen: Ein Schlüsselbund und ein Hund sind abhanden gekommen. Franz hat gefragt, ob wir den Fall übernehmen wollen. Dann musste er leider zu einem Banküberfall.«

»Alle Detektive haben mal klein angefangen«, seufzte Lara. »Wenn wir keinen Ladendieb fangen, dann finden wir vielleicht wenigstens diesen Hund.«

»Na ja, ich weiß nicht«, sagte Max. »Unseren ersten Fall hab ich mir spannender vorgestellt.«

Die drei trafen den Chef des Supermarktes in einem günstigen Augenblick an. Es hatten sich gerade zwei Verkäuferinnen krankgemeldet und eine dritte fehlte, weil sie ein Baby bekam. Da brauchte er dringend Hilfe.
»Regale einräumen, Lager aufräumen, Flaschen sortieren. Jeden Nachmittag zwei oder drei Stunden? Wenn ihr das wollt, seid ihr eingestellt!«, sagte Herr Distler.
Die drei sahen sich an und nickten.

Schon am nächsten Tag pünktlich um drei waren sie zur Stelle.
»Wenn meine Mutter sieht, was ich hier mache, fällt sie in Ohnmacht«, grinste Max, als er Spaghetti und Tomatensoße ins Regal stapelte. »Zu Hause räum ich nie auf!«
Um vier verabschiedete sich Mehmet: »So, jetzt muss ich leider los zum Training!«
Er holte seine Sporttasche aus der Besenkammer. Dann steckte er aber gleich

noch einmal den Kopf um die Ecke und rief: »Vorn neben dem Eingang hängt ein Zettel an der Pinnwand, dass ein rotes Schlüsseletui gefunden worden ist. Könnte zu unserem Fall passen! Ruft doch mal an!« Dann verschwand er.

Max rief auf dem Handy seiner Schwester die Nummer auf dem Zettel an.

»Ich denke, der erste Fall ist gelöst«, sagte er, als er auflegte. »Rotes Etui, drei kleine und ein großer Schlüssel.«

»Und den verlorenen Hund finden wir

bestimmt bei Daisy Miller, der kleinen Pekinesenhündin. Bei der treiben sich nämlich im Augenblick alle männlichen Hunde der Umgebung herum«, grinste Lara. »Aber das sind nicht die Fälle, die ich im Kopf hatte, als ich Detektiv werden wollte.«
»Sieh mal da!«, wisperte Max plötzlich. »Der Mann bei den Armbanduhren!«
Die beiden spähten zwischen den Nudelpaketen durch das Regal.
Sie beobachteten ganz deutlich, wie ein junger Mann nach einer der Uhren griff und sie in dem Cornflakespaket verschwinden ließ, das in seinem Einkaufswagen stand. Dann ging er weiter zu den Musikkassetten. Er wählte einige aus, legte eine in den Wagen und ließ zwei in seinen Regenschirm fallen, der am Einkaufswagen hing. Als der Mann zur Kasse ging, verständigte Max schon über das Handy seiner Schwester die Polizei.
Der junge Mann bezahlte und verließ den Laden.

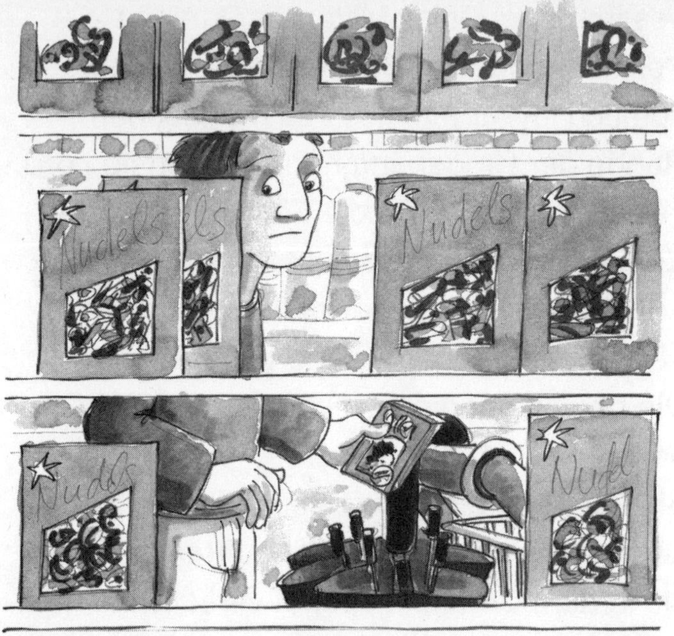

Lara und Max liefen hinter ihm her. »Könnten Sie mir sagen, wie spät es ist?«, fragte Max, um ihn aufzuhalten.
»Keine Zeit«, sagte der Mann und wollte weiter.
»Haben Sie nicht gerade eine Uhr gekauft?«, fragte Lara weiter.
»Was geht euch das an«, sagte der Mann ungehalten und steuerte einen grünen Volvo

an, der in einiger Entfernung parkte. »Die Schranke!«, rief Max. »Ich sage dem Parkwächter Bescheid, dass er die Schranke blockieren soll!«
Aus der Ferne hörte man das Signal eines Polizeiautos. Der Mann wurde sichtlich nervös, schwang sich in sein Auto und startete durch. Als sich die Schranke nicht öffnete, sprang er wütend heraus und beschimpfte den Parkwächter.
Max hielt dem Parkwächter den Detektivausweis unter die Nase und bat: »Lassen Sie ihn nicht durch! Wir ermitteln im Auftrag der Polizei!«

Der Parkwächter zögerte. Unsicher sah er von dem Jungen zu dem tobenden Mann. Da bremste schon das Polizeiauto in der Zufahrt und nahm ihm die Entscheidung ab.

»Gut gemacht!«, lobte Kommissar Wolf die Schwarzen Mützen, als er ihnen ein paar Tage später im Polizeirevier einen Detektivorden ansteckte. »Drei Fälle auf einmal gelöst! Das soll euch erst mal einer nachmachen.«
Da klingelte das Telefon im Nebenzimmer.
»Für Sie, Herr Kommissar«, sagte sein Assistent. »Es ist dringend.«

Kommissar Wolf ging ins Nebenzimmer. Als er wieder zurückkam, sagte er: »Eben hab ich erfahren, dass das Auto des Ladendiebes auch das Fluchtfahrzeug des Bankräubers war. Der Dieb ist ein Freund des Täters. So kamen wir einer ganzen Ganovenbande auf die Spur.«
Als Lara, Max und Mehmet das Polizeirevier verließen, fragte Max: »Und was machen wir jetzt?«
»Ist doch klar: Wir warten auf den nächsten Fall«, grinste Lara.

Ganz schön stachelig: Fall 21614

Jedes Jahr im Mai traf sich eine Gruppe befreundeter Detektive im Gasthof zum Roten Ross in Münchhausen. Sie aßen, tranken, erzählten und hatten tierisch viel Spaß miteinander.
Natürlich blieb es nicht aus, dass sie sich im Laufe des Abends von ihren interessantesten Fällen berichteten. Diesmal war Inspektor Iltis an der Reihe.

»Mein bekanntester Fall ist sicher der Fall Nummer 21614«, überlegte Iltis. »Ein schwerer Betrugsfall. Ihr habt bestimmt darüber gelesen?«

»Kann mich nicht erinnern«, brummte Watson Bär.

»Genau gesagt, handelte es sich um einen Wettschwindel …«

»Oh, Pferderennen? So was hatte ich auch schon«, unterbrach Harry Häher den Bericht. »Im Hoppegarten in Berlin.«

»Nein, nein, viel raffinierter«, lächelte Inspektor Iltis geheimnisvoll.

»Nun erzähl schon!«, drängte Sherlock Maus und trank noch einen Schluck Mäusebier.

»Komm endlich zur Sache!«, mahnte Columbo Fuchs. »Wie hieß der Fall?«

»Das sollt ihr selbst herausfinden. Also hört: Ein braunhaariger, gut trainierter Jogger wurde damals von einem ungepflegten, stoppelborstigen Wegelagerer und seiner Frau auf ziemlich raffinierte Weise

hereingelegt. Es geschah im Herbst, nach der Kartoffelernte. Der Tatort lag vor den Toren einer kleinen norddeutschen Stadt. Das Schlitzohr hatte übrigens viel größere Ohren als der Betrogene! Es kam zu einem rasanten Wettkampf. Lobend möchte ich erwähnen, dass dieser gewaltlos ausgetragen wurde, obwohl der eine Partner bis über beide Ohren bewaffnet war.«

»Klingt ganz schön spannend. Aber ich kenne den Fall nicht und dabei bin ich in der

Fachliteratur ganz gut bewandert«, grübelte Geheimagent Eulaf Eule und zwinkerte nervös mit dem linken Auge.
»Wie gesagt: List und Schwindelei waren dabei«, fuhr Iltis fort. »Aber der Fall zeigt, dass man mit Köpfchen mehr erreichen kann als mit den Füßen.«
»Jaja, was man nicht im Kopf hat, muss man in den Beinen haben, so hat jedenfalls immer meine Großmutter gesagt«, stimmte Columbo Fuchs zu.
»Genau. Der Sieger des Wettkampfes war langsamer und kein bisschen mutiger als der Hasenfuß, der den Wettkampf verlor. Dieser ging die ganze Sache zwar mit Tempo, aber ein bisschen kopflos an. Nun, um welchen berühmten Fall geht es?«
Inspektor Iltis blickte erwartungsvoll in die Runde.
»Keine Ahnung!«, seufzte Inspektor Schäfle.
»Nun ratet schon! Die Lösung ist märchenhaft einfach!«, lächelte Iltis.

»War es beim Formel-1-Rennen?«, fragte Columbo.
»Nein. Leider falsch geraten. Die Nummer des Falles ist übrigens die gleiche wie die Postleitzahl des Tatortes. Und die Reporter, die darüber seitenlang berichteten, waren Brüder. Sie hießen Grimm. Nun? Dämmert es bei euch?«
»Leider immer noch nicht«, sagte Eulaf Eule und zwinkerte angestrengt mit den Augen, weil das Kerzenlicht blendete.
»Wenn ich euch den Namen des Tatortes verrate, dann ist der Fall sonnenklar! Wetten?« Iltis lehnte sich zurück und sah gespannt in die Runde.

»Ein ernsthafter Detektiv wettet nicht, er findet heraus«, brummte Sherlock Maus.
»Gib uns noch einen Tipp!«
»Verrat uns den Tatort!«, bat Eulaf Eule.
»Es geschah in Eduhetxub«, sagte Inspektor Iltis und lächelte verschmitzt.
»Das kann man ja kaum aussprechen. Das muss irgendwo im Ausland liegen«, grübelte Geheimagent Eule.
»Orient vermutlich. Und es hat etwas mit Hexen zu tun«, kombinierte Sherlock Maus.
»Ihr seid total auf dem Holzweg, Freunde«, schmunzelte Iltis. »Dabei ist die Lösung, wie ich schon sagte, märchenhaft einfach. Die Stadt liegt in Norddeutschland. Natürlich müsst ihr zurückblicken und den Namen von hinten lesen. Die ganze Geschichte hat sich schließlich vor langer Zeit zugetragen.«
»Jetzt dämmert's!«, sagte Eulaf Eule.
»Aaaah, diiiiese Geschichte meinst du«, sagte Columbo. »Nun, die ist wirklich weltbekannt. Dass ich da nicht gleich drauf gekommen bin …«

Nun, liebe Krimileser, dämmert es auch bei euch? Um welchen Fall handelt es sich? Wie heißt der bis über beide Ohren bewaffnete Gauner? Und wie heißt der Ort, wo alles passierte?

Es handelt sich um das Märchen »Der Hase und der Igel«, der Gauner hieß Igel und der Tatort Buxtehude.

Tatort alte Eiche

Seit dem Morgengrauen hörte man das Kreischen von Sägen und das Hämmern von Äxten im Wald. Forstarbeiter waren überall.
»Achtung! Aufgepasst!«, rief Rabe Ringo, der als Späher auf der alten Eiche saß. »Sie kommen!«
Ausgerechnet unter der alten Eiche setzten sich die Männer auf einen Baumstamm und packten ihre Butterbrote aus. Rabe Ringo entdeckte mit seinen scharfen Augen, dass einer der Arbeiter ein wunderschönes Käsestück auf sein Brot legte. Als der Mann einen Augenblick in die Büsche ging, stieß Ringo im Sturzflug auf den Leckerbissen.
Der Käsebrocken war so groß, dass er

ihn nur mit Mühe tragen konnte. Rasch versteckte er seine Beute in einem Astloch. Unvorsichtigerweise prahlte er hinterher damit herum: »Ein Stück Käse, kann ich euch sagen! Dick und saftig. So was hat noch keiner von euch gesehen!«
So erfuhren der Igel, der Fuchs, die Maus, das Eichhorn, die Schlange, die Eule und die Kröte von dem kostbaren Schatz.
Unter den Tieren waren viele, die das Stück Käse am liebsten selbst gehabt hätten. Einige, weil sie Käse mochten. Andere, weil sie dem Angeber Ringo gern eins ausgewischt hätten.

Als der Rabe Ringo am nächsten Morgen zum Frühstück ein wenig an seinem Käse knabbern wollte, war der Leckerbissen verschwunden.

»Räuber! Diebe!«, krächzte Ringo aufgeregt. Er verdächtigte jeden, der ihm über den Weg lief. Sogar die Eule Eulalie.

»Du Spinner! Ich war die ganze Nacht unterwegs«, sagte die Eule. »Aber frag doch mal unseren Detektiv Sherlock Maus! Der findet alles heraus. Er ist zu Haus!«

Sie deutete auf das Mauseloch am Fuß der Eiche. »Der hat eine gute Spürnase, ist fix und findig und versteht außerdem etwas von Käse!«

Ringo folgte dem Rat der Eule und flog zu Sherlock hinunter, der gerade aus seiner Wohnung kam.

»Mein Käse ist weg! Weißt du, wo mein Käse ist?«, rief Ringo Rabe.

»Keine Ahnung. Du verdächtigst doch nicht etwa mich? Ich habe ein Alibi«, sagte der Mäusedetektiv.

»Ein Alibi? Was ist das?«, fragte Ringo.

»Es beweist, dass man zur Tatzeit woanders war.«

»Kannst du herausfinden, wer der Dieb ist?«, fragte Ringo.
»Vielleicht«, sagte Sherlock Maus.
»Aber nicht alle Kriminalfälle lassen sich aufklären. Das lehrt die Erfahrung.«
»Bitte, versuche es wenigstens!«, bat Ringo.
»Es war ein Superkäse!«
»Gut, ich übernehme den Fall«, sagte Sherlock Maus schließlich. Und dann nahm er seine Ermittlungen auf. »Wann ist es denn passiert?«, fragte er den Raben als Erstes.
»Es war um die Frühstückszeit. Gleich nach Sonnenaufgang. Als ich aufwachte, war der Käse noch da. Dann flog ich zum Bach, um zu trinken. Als ich zurückkam, war der Käse fort.«
»Tatzeit: Sonnenaufgang«, murmelte Maus.
»Nun, um diese Zeit stehen die meisten Tiere auf. So kann es fast jeder gewesen sein. Schwieriger Fall!«
Und dann machte er sich an die Arbeit. Er verhörte alle Tiere, die sich normalerweise in der Nähe der alten Eiche aufhielten.

»Wie soll ich auf den Baum gekommen sein?«, sagte das Wildschwein.
»Oder ich?«, fragte der Hirsch.
»Es scheiden alle aus, die nicht klettern und fliegen können«, schloss Sherlock messerscharf.

Danach verhörte er die Flieg- und Klettertiere.
Eidechsen, Eichhörnchen, Schnecken und Schlangen versicherten dem Detektiv: »Wir mögen überhaupt keinen Käse!«
»Es scheiden alle aus, die keinen Käse mögen!«, sagte Sherlock zu Ringo.
»Und wenn es einer getan hat, um mich zu ärgern?«, fragte Ringo und sah in die Runde, die sich inzwischen unter der Eiche versammelt hatte.
Protestgemurmel war die Antwort.

Sherlock spazierte nachdenklich auf und ab.
Dann murmelte er leise: »Ich werde es wie alle berühmten Detektive machen und nach Fuß- und Pfotenabdrücken suchen.«
Er holte seine Lupe.
Aber inzwischen waren so viele Tiere auf dem Tatort unter der alten Eiche herumgetrampelt, dass Sherlock mit seiner Spurensuche keinen Erfolg mehr hatte.
So wäre dieser Fall sicher nie aufgeklärt worden, wenn nicht die Eule Eulalie gewesen wäre. Als sie um Mitternacht auf

ihrem Ast saß und nachdachte, wusste sie plötzlich, wer der Käsedieb gewesen sein musste.
Weißt du es auch?

Es war Sherlock Maus. Er wusste schon – ehe Ringo etwas erzählt hatte –, wann die Tat passiert war. Er behauptete, dass er ein Alibi habe, also zur Tatzeit woanders gewesen sei.

Freddy Bär und Al Melone

Ein Mann mit schwarzer Schiebermütze schlich gebückt über den Hinterhof der Spielwarenhandlung »Kinderparadies«. In der linken Hand hielt er eine schmale Taschen-

lampe. Mit der funzelte er überall herum. Nichts rührte sich. Alle Leute schliefen schon. Der Mann brummte zufrieden.
Er war kein anderer als der berühmte Ein- und Ausbrecherkönig Al Melone. Seit drei Wochen war er wieder auf freiem Fuß. Das wollte er für die nächste Zeit auch bleiben. Deshalb durfte er sich beim Einbrechen nicht erwischen lassen. Aber heute lag ein Notfall vor. Sein Sohn Jimmy hatte am nächsten Tag Geburtstag und Al Melone wollte ihm eine elektrische Eisenbahn schenken. Eine, wie er sie sich selbst immer gewünscht hatte. Und woher nehmen und nicht stehlen? Es widersprach seiner Einbrecherehre, einfach in einen Laden zu gehen und eine Eisenbahn zu kaufen. Nein, sie musste mit Liebe ausgesucht und geklaut werden, so wie es sich für einen Einbrecherkönig gehörte.
Melone wickelte sein T-Shirt um eine Eisenstange und schlug damit kurz, aber

heftig auf die Glasscheibe der Hintertür. Ein leises Klirren. Ein Griff durch die Scheibe. Die Tür ging auf. Melone betrat das »Kinderparadies« leise, auf seine Weise.

Freddy Bär hockte auf dem Regalbrett in der Puppenabteilung. Seit sechzehn Wochen saß er da wie in einem Gefängnis.

Und dabei hatte er noch nie in seinem Leben etwas angestellt. Als ihn jetzt der Schein von Al Melones Taschenlampe blendete, erwachte Freddy Bär wie aus einem langen, langweiligen Traum. Endlich passierte etwas! Gespannt beobachtete er den Mann, der jetzt mit geschickten Fingern die Ladenkasse ausräumte und dann in die Eisenbahnabteilung ging, wo er eine halbe Stunde mit der Modelleisenbahn spielte. Danach baute der Einbrecher Bahn und Schienen seelenruhig ab und packte alles in einen großen Koffer.
Als Al Melone mit seiner Arbeit fertig war, kam er bei Freddy vorbei. Freddy blinzelte ihm zu und rief: »Nimm mich mit!«
Al Melone blieb erschrocken stehen und murmelte: »Spinn ich oder was? Hat dieser Bär mit mir geredet? Sieht genauso aus wie der dämliche Teddy, den ich mal zum Geburtstag gekriegt hab, als ich mir eine elektrische Eisenbahn gewünscht hatte!«
Al Melone schüttelte ärgerlich den Kopf, riss

die Tür sperrangelweit auf und verschwand in der Nacht.
Welch eine Gelegenheit!, dachte der Bär. Die Tür steht offen! Jetzt kann ich entwischen.
»Kommt einer mit?«, rief Freddy in den Laden hinein. Aber keines der anderen

Spielzeugtiere wollte mitkommen. So lief er allein auf die mondhelle Straße hinaus. Er war schon eine ganze Strecke gerannt, als ihm einfiel, dass er vergessen hatte die Polizei anzurufen, um sie von dem Einbruch zu unterrichten. Am Ende dachte man sonst, er habe die Kasse vom »Spielzeugparadies« ausgeraubt! Freddy lief zur Notrufsäule am Park. Er drückte mit seiner rechten Pfote so lange auf den Rufknopf, bis sich die Polizei meldete. »Einbruch im Kinderparadies an der Parkstraße. Kommen Sie schnell!«, rief er. Dann rannte er davon.
Eine Stunde lief er quer durch den Park. Die Luft war frisch und würzig. Er wurde von der ungewohnten Anstrengung ziemlich müde. Deshalb legte er sich auf eine Parkbank und schlief ein bisschen.

Der Einbrecher Al Melone packte inzwischen zu Hause auf dem Dachboden die Eisenbahn aus. Er legte sich auf die staubigen Holzdielen und begann damit zu spielen. Er musste doch schließlich erst selbst alles ausprobieren, ehe er seinen Sohn Jimmy damit spielen ließ!

Als Freddy Bär am nächsten Morgen auf der Parkbank erwachte, war er ganz nass vom Tau. Er schüttelte sich wie ein Hund. Dann ließ er sein Fell in der Morgensonne trocknen. Schließlich joggte er den Parkweg entlang, bis er an die große Straße kam. Als er sie überqueren wollte, entkam er mit knapper Not einem Sportwagen, der mit hoher Geschwindigkeit durch die Kurven flitzte. Am Steuer saß ein Mann mit schwarzer Schiebermütze, der zum Geburtstag seines Sohnes Jimmy fuhr.

»Fast wärst du zu Mus geworden«, sagte eine Schnecke zu Freddy Bär. »Du warst zu langsam.« Es klang vorwurfsvoll. »Bären gehören in den Bärenwald.«

»Wenn ich wüsste, wo der Bärenwald ist, wäre ich längst dort«, sagte Freddy Bär.
»Über die Brüüüücke und dann iiiiimmer geeeeeradeaus. Nicht zu verfeeeehlen«, sagte die Schnecke gedehnt und kroch langsam weiter.
Als Freddy Bär die Brücke überquert hatte, sah er in der Ferne tatsächlich einen Wald. Er rannte hin, so schnell ihn seine Plüschbeine trugen. Mmh, da roch es nach Rinde, Moos und Laub. So gut roch es in keinem Spielwarenladen der Welt.

Als er über die Wiese am Waldrand lief, stolperte er über einen Haufen mit weicher, krümeliger Erde.
»He, hallo, vorsichtig!«, rief ein empörter Maulwurf. »Du rennst einen ja förmlich über den Haufen. Wo willst du denn hin?«
»Ich möchte dahin, wo die richtigen Bären hausen!«, sagte Freddy Bär.
»Dritter Baum links, vierter Baum rechts. Dann geradeaus bis zur Schlucht. Dort fließt der Bärenbach. Da treffen sich die Bären abends am Wasser.«
»Danke«, rief Freddy Bär vergnügt. Er freute sich darauf, bei den richtigen Bären zu leben.
Aber als ihn die großen Bären sahen, lachten sie ihn aus: »Du hier bei uns? Mit deinen Plüschohren? Nein, du passt nicht hierher. Außerdem riechst du gar nicht wie ein Bär. Wie sollen wir dich denn im Dunkeln erkennen?«
Und dann jagten sie ihn fort.
Freddy Bär war unheimlich enttäuscht. Er

trottete den Weg zurück bis zum Stadtpark. Traurig setzte er sich auf eine Bank und dachte nach. Und weil Nachdenken für kleine Bären ziemlich anstrengend ist, schlief er darüber ein. Er erwachte, als ihn ein kleines Mädchen auf den Arm nahm und rief:

»Genau so einen Teddy hab ich mir immer gewünscht!«

»Bestimmt hat ihn jemand verloren«, sagte die Mutter. »Wir sollten einen Zettel mit unserer Adresse an die Bank machen.« Aber niemand vermisste Freddy Bär. So durfte er bei dem Mädchen bleiben. Sie hieß Julia und war sehr nett. Er durfte im frisch bezogenen Puppenbett schlafen und freundete sich auch mit den anderen Stofftieren an, die in Julias Zimmer wohnten. Er erzählte von seinen Abenteuern und dichtete immer noch ein bisschen dazu. Klar, dass ihn alle bewunderten, denn keine der anwesenden Spielsachen hatte je einen echten Maulwurf oder einen echten Einbrecher gesehen, nicht einmal die Puppen.

Manchmal kam ein Nachbarsjunge zu Besuch. Er hieß Jimmy Melone und wollte immer mit Freddy Bär spielen. Eines Tages sagte er zu Julia: »Würdest du mir deinen Bären ausleihen? Ich mag ihn viel lieber als die elektrische Eisenbahn, die mir Papa zum

Geburtstag geschenkt hat. Mit der spielt er nämlich immer selber.« Aber Julia wollte Freddy Bär lieber selbst behalten.
Einmal lud Jimmy Julia zu sich nach Hause zum Spielen ein. Freddy Bär durfte sie begleiten.
»Jetzt gehört mir meine Eisenbahn eine Weile ganz allein«, sagte Jimmy stolz.
»Papa ist nicht da. Er macht ein paar Monate Urlaub in Hintergittern.«

Frage an alle Detektive:
Wie heißt Jimmys Papa und wo steckt er wirklich?

Jimmys Papa ist der berühmte Ein- und Ausbrecherkönig Al Melone und er ist wieder einmal im Gefängnis.

Jenny Hase-Schnüffelnase

Die Wald- und Wiesendetektivin Jenny Hase, geborene Schnüffelnase, saß im Schaukelstuhl vor ihrem Waldbüro und las die Detektivzeitung.
Sie knabberte an einem Möhrchen und schaukelte im Takt dazu gemütlich hin und her.
Da klingelte das Tannenzapfen-Handy.
»Ist dort das Detektivbüro Hase-Schnüffelnase?«, gackerte eine aufgeregte Stimme.
»Jenny Hase-Schnüffelnase persönlich!«, sagte Jenny. »Was kann ich für Sie tun?«
»Hier spricht Maja Moorhuhn. Man hat mich beraubt! Bestohlen! Meine Eier sind weg! Und ich wollte sie doch ausbrüten! Können Sie mir helfen?«
»Kommen Sie in mein Büro!«, sagte

Jenny. »Dann reden wir über alles.« Jenny beschrieb dem Moorhuhn den Weg.

Zwei Stunden später saß das Moorhuhn Maja auf der Bank vor dem Büro und wartete geduldig.
»Es waren besonders schöne Eier!«, seufzte Maja, als sie endlich dran war.

»Wann und wo verschwanden die Eier?
fragte Jenny und rückte ihre verspiegelte Sonnenbrille zurecht.
»Gestern. Aus meinem Nest hinter dem Hühnerstall!«, antwortete Maja.
»Haben Sie eine Ahnung, wer sie gestohlen haben könnte?«
»Ich verdächtige den Igel!«
»Haben Sie Beweise?«
»Nein«, sagte Maja. »Er streitet alles ab und spottet über mich. Deshalb bin ich ja hier.«
Jenny stand auf. Sie strich sich nachdenklich über die langen Ohren. Dann sagte sie: »Gut! Ich werde mich um die Sache kümmern.«
»Vielen Dank!«, sagte Maja erleichtert und wollte davonflattern.
»Halt! Moment noch!«, rief Jenny und hielt sie am Flügel fest. »Haben die gestohlenen Eier irgendwelche besonderen Kennzeichen?«
»Ich stemple die Schale am runden Ende nach dem Legen immer mit einem A.«

»Gut. Das hilft mir weiter. Will sehn, was ich tun kann. Hmm, da wäre noch eine Kleinigkeit: das Honorar.«
»Honorar? Was ist Honorar?«, erkundigte sich Maja überrascht.
»Nun, das, was ich dafür kriege, wenn ich die Eier wiederbeschaffe«, sagte Jenny und setzte sich an ihren Schreibtisch.
»Ach so«, sagte das Huhn und guckte ein bisschen dumm.
Jenny rückte die Brille gerade, blätterte in einem Gebührenheft und sagte dann: »Ich schlage vor, ein Möhrchen pro Ei!«
»Einverstanden!« gackerte Maja. »Je mehr Eier Sie finden, desto besser. Ich kann es gar nicht erwarten!«

Jenny begann ihre Ermittlungen am Tatort: dem Bauernhof. Sie fragte, wem etwas aufgefallen sei.
»Das dumme Huhn muss eben auf seine Eier besser aufpassen!«, schnatterte die Ente.

»Meine Eier werden auch ständig gestohlen. Mein Nest ist immer leer!«, behauptete der Hahn.
»Lügner. Du hast noch kein einziges Ei selbst gelegt!«, schnatterte die Ente empört. »Du lässt immer deine Frauen für dich arbeiten.«
»Ei, ei, ei! Ein Ei suchst du also? Seit wann legen Hasen Eier?«, spottete der Igel, der sich am Gartenzaun sonnte.

»Sei nicht so frech! Du gehörst auch zu den Verdächtigen!«, sagte Jenny.
»Eier klauen? Würde mir nie einfallen«, sagte der Kuckuck. »Eher Eier verschenken!«

Das alles half Jenny nicht weiter. Doch sie gab nicht auf. Eines Morgens beobachtete sie mit dem Fernglas die Bäuerin in der Küche. Sie schlug Eier auf und ließ sie in eine große Rührschüssel gleiten.
»Zu spät!«, murmelte Jenny enttäuscht. Sie konnte hinterher nur noch die Schalen mit dem A auf dem Misthaufen sicherstellen.
»Dass die Bäuerin meine Eier nimmt, weiß ich«, seufzte Maja, als Jenny ihr davon erzählte. »Aber die letzten drei ließ sie immer für mich zum Brüten im Nest!«

»Ich kenne einen, der Eier hamstert!«, verriet die Eule schließlich. »Ich hab ihn neulich nachts durch den Wald schleichen

sehen! Er hatte so lange Ohren wie du, Jenny. Und einen Schnappsack.«
»Oje, ein krimineller Verwandter?«, murmelte Jenny erschrocken. »Aber da kann ich leider keine Rücksicht nehmen.«
Einen ganzen Tag und eine Nacht durchschnüffelte Jenny den Wald. Schließlich fand sie die Eier! Sie waren äußerst raffiniert hinter Moos und Wurzeln versteckt. Glücklicherweise waren sie

unversehrt und lagen in einem weich gepolsterten Nest.
»Leider sind sie etwas verfärbt!«, bedauerte Jenny, als sie Maja die Eier zurückbrachte. »Eins rot, eins gelb, eins blau.«
»Ich finde sie hübsch so!«, sagte das überglückliche Huhn. »Und das Nest gefällt mir auch! Am liebsten möchte ich mich gleich draufsetzen!«
»Halt! Stopp! Erst meine Möhrchen!«, mahnte Jenny.
Maja flatterte los, um drei Möhrchen zu

holen. Dann setzte sie sich auf das Nest. Sie rückte gemütlich ihr Federkleid zurecht und brütete und brütete …

Niemand hätte sie von den Eiern wieder heruntergebracht! Genau zu Ostern schlüpften drei Küken aus.

Ein rotes, ein gelbes und ein blaues!

Moorhuhn Maja fand, dass es die schönsten Küken der Welt waren.

Räubergeschichten

Die Höhle im Hotzenwald

Der Hotzenwald ist Naturschutzgebiet. Deshalb führt die neue Straße von Waldburg nach Blitzstadt in einem großen Bogen um ihn herum.
Einheimische kennen eine Abkürzung, die mitten durch den Wald führt, aber sie benutzen sie nur selten.
Und das hat seinen Grund.
Im Hotzenwald ist es nicht geheuer. Wenn der Nachtwind in den Bäumen rauscht, treffen sich Geister in den Lüften. Auf

der Lichtung am Klötzenfels tanzen bei Vollmond die Hexen. Aber man erzählt sich noch andere schauerliche Geschichten.
Vom Räuber Hackepeter zum Beispiel, der arglose Wanderer in seine Höhle lockt und dort kaltblütig abmurkst.
Manche sagen, dass er riesengroß ist und lange, wilde Haare hat. Andere schildern ihn eher klein, bucklig und kahlköpfig.
Eines ist sicher: Er hat eine Haut, die so schrumpelig ist wie Baumrinde, und einen rostroten Bart.
Oft schon sind Räuberfänger in den Wald gezogen, um diesem gefährlichen Kerl endlich das Handwerk zu legen: die tapfersten Männer der Landespolizei, der Forstverwaltung oder der Freiwilligen Feuerwehr.
Es kamen auch Abenteurer aus fernen Ländern oder junge Leute aus den Nachbardörfern, die sich vorher im Waldhaus »Zum Wilden Mann« tüchtig Mut gemacht hatten. Aber nachdem sie ein paar Bier getrunken

und große Sprüche geklopft hatten, schlichen sie meist wieder nach Hause. Hackepeters Räuberhöhle ist so gut versteckt, dass sie außer Max, einem kleinen Jungen aus Blitzstadt, noch nie einer gefunden hat.
Als ich Max nach dem Weg gefragt habe, hat er gesagt: »Bist du sicher, dass du wirklich dahin willst? Das ist nichts für Angsthasen und Hosenschisser. Du könntest vor Schreck in die Schlucht stürzen oder aus Angst einen Herzanfall bekommen!«
Aber ich tat ziemlich mutig. So hat er mir den Weg genau beschrieben. Und ich will es

für alle aufschreiben, die sich auch so gern gruseln wie ich.
Also: Du betrittst den Wald genau auf halbem Wege zwischen Waldburg und Blitzstadt. Da, wo die Waldburger Felsen anfangen und der Klötzenfels zwischen den Baumwipfeln zu sehen ist.
Du gehst geradeaus bis zu der großen Waldlichtung. An der alten Buche nimmst du den kleinen Pfad, der scharf links ins Unterholz führt. Jetzt bist du auf dem Holzweg. Da läufst du so lange, bis du zu dem Kletterpfad kommst, der zwischen zwei Felsen in eine Schlucht mündet.
Du überquerst die Schlucht auf einem schmalen Steg. Aber sieh bloß nicht hinunter, denn da liegen Knochenreste. Und schau nicht nach oben. Da ist Hackepeters Küchenfenster. Schön hinter Büschen versteckt. Es hängt immer ein Eimer mit seinen Beutestücken herunter. Das ist vielleicht ein Anblick!
Den Höhleneingang siehst du noch nicht.

Du musst erst um den Felsen herumlaufen, bis drei hohe Tannen kommen. Hinter den Tannen ist ein Felsspalt versteckt. Durch den führt eine steile Treppe zur Räuberhöhle hinauf. Es ist eigentlich ein in den Fels

gebautes Räuberhaus. Vorsicht! Auf dem letzten Treppenabsatz ist eine schwarze Falltür eingebaut. Wenn ungebetene Gäste kommen, macht es »klapp« und sie landen in einem Kellerverlies bei Ratten und Würmern.
Die Höhle ist von vorn mit einer Wand zugemauert. In der Wand sind drei winzige Fenster und ein rostiges Eisentor. Das ist fest verschlossen.
Du musst das Seil packen, das rechts neben der Eisentür herunterhängt. Dann kletterst du auf den flachen Felsen hinauf, der das Höhlendach bildet.
Auf der Rückseite seilst du dich wieder ab. Du findest hinter einem Ginsterbusch ein Loch. Das ist der geheime Hintereingang für Hackepeters Hund.
Leider passt da nur einer durch, der kleiner als einen Meter fünfzig ist und sich vor bissigen Hunden nicht fürchtet. Deshalb konnte ich leider nicht hinein. Falls du kleiner bist als ich, dann kannst du

hineinklettern und dir die Räuberhöhle in aller Ruhe ansehen.
Vermutlich hat der Hackepeter gerade sein Hackebeilchen in der Hand und geht seiner Lieblingsbeschäftigung nach und kocht.
Als ich dort war, roch es nach Spaghetti mit Hackfleischsoße.
Pass auf, dass er dich nicht erwischt!
Leider ist in berühmten Räuberhöhlen das Fotografieren meist nicht erlaubt.
Daher bitte ich dich, wenn du wirklich bis in das Höhleninnere vorgedrungen bist: Mal ein Bild von Hackepeter in seiner Höhle und schick es mir.

Dann weiß ich endlich genau, ob es den Hackepeter wirklich gibt und wie er aussieht. Oder ob die Einheimischen die Geschichte bloß erzählen, um Touristen zu erschrecken, die größer als einen Meter fünfzig sind und nicht selber nachsehen können.

Robins Räuberfalle

Robin ist zwar erst zehn, aber ein großartiger Erfinder. Und auch seine neunjährige Schwester Dina hat ein bemerkenswert helles Köpfchen.
Es ist daher kein Wunder, dass sich Herr Bär ausgerechnet an Robin und Dina wendet, als ein Räuber die Gegend unsicher macht.
»Könntet ihr nicht ein bisschen die Augen offen halten?«, bittet er die beiden. »Ich seh doch nicht mehr so gut. Es treibt sich nämlich ein Räuber im Dorf herum. Gestern hat er bei meinem Freund Fred eingebrochen und Würste und Speck aus der Vorratskammer geklaut. Und letzte Woche verschwand meine allerbeste Wolldecke von der Gartenbank.«
»Das ist wirklich sehr ärgerlich«, sagt Robin.

»Und sehr lästig«, klagt Herr Bär und krault Randolf, seinen Hund. »Aus Angst vor dem Räuber muss ich jedes Mal Fenster und Türen verriegeln, wenn ich mit Randolf spazieren gehe.«
»Wir müssen den Kerl eben fangen«, sagt Dina.
»Das ist nicht so einfach!«, brummt Herr Bär. »Ich war früher bei der Polizei, und ich weiß, wie schwierig Räuberfangen ist.
»Dann müssen wir Tricks anwenden, die die Polizei nicht kennt«, sagt Dina.
»Wir sollten ihm eine Falle stellen«,

überlegt Robin. In seinem Erfindergehirn arbeitet es bereits.
»Eine Räuberfalle«, sagt Dina, »das ist eine heiße Idee!«
Schon sind die beiden in Robins Erfinderkeller verschwunden und entwerfen eine Räuberfalle.
Robin sitzt mit Papier und Bleistift am Erfindertisch und murmelt:
»Wir brauchen sieben Meter Draht, Eier und Speck, eine Nachttischlampe, zwei Würste, eine goldene Halskette, zwei Ringe, ein Glas Bier, eine Schlaftablette, eine Klingel, ein Springseil und eine rote Signalrakete.«
»Null problemo«, sagt Dina und zieht los, um alles zu besorgen.
Robin feilt inzwischen an den Einzelheiten. Zufrieden legt er schließlich den Stift weg. Ja, so müsste es klappen!
Da kommt auch schon Dina zurück und sagt: »Ich hab alles bekommen. Sogar die Halskette und die Ringe. Die sind von

Tante Bessie. Sie sind zwar nicht echt, aber sie will sie unbedingt morgen zurückhaben.«
»Claro«, sagt Robin in seinem besten Italienisch. »Wir werden den Räuber ja fangen! Dann nehmen wir ihm natürlich alles wieder ab.«
Einen günstigen Ort für die Falle hat Dina

auch schon ausgekundschaftet: Omas kleines Haus.
Das liegt am Ende der Dorfstraße, gleich neben dem Haus von Herrn Bär. Wenn man vom Waldweg herkommt, sieht man direkt in ihren Garten. Für einen Dieb ist es ganz leicht zu entdecken.
Und wenn Oma das Küchenfenster offen lässt und dann noch Speckpfannkuchen brät, kann der Räuber ihr Haus bestimmt nicht übersehen, obwohl es nicht besonders groß ist.
Robin erklärt Oma alles. Sie ist begeistert: »Räuber fangen? Mit Speckpfannkuchen? Fabelhafte Idee!«
»Oma, du bist Spitzenklasse! Zum Glück macht auch Dina mit!«
»Bloß kein Dynamit!«, wehrt Oma erschrocken ab. Seit ihrem Motorradunfall hört sie nicht mehr so gut.
»Logo«, sagt Robin. »Wozu brauchen wir Dynamit? Wir brauchen bloß Köpfchen!«
»Welche Töpfchen?«, fragt Oma.

Weil Omas Augen besser sind als ihre Ohren, holt Robin rasch seine Zeichnung und erklärt, wie die Räuberfalle funktionieren soll.
»Mit mir könnt ihr rechnen!«, verspricht Oma. »Ich rühre schon mal den Teig an!«
Sie eilt in die Küche.
Robin zieht den Stolperdraht – im Zickzack und unsichtbar – durch das Erdbeerbeet vor der Terrassentür.
»Wenn der Räuber den Draht berührt,

klingelt es bei dir«, erklärt Robin seiner Schwester. »Dann musst du oben aus der Dachkammer die Signalrakete abfeuern!«
»Okay. Das kenn ich vom Segeln. Rote Kugeln! Die sieht man kilometerweit.«
»In diesem Falle sieht sie Herr Bär. Er klettert über den Zaun und packt den Kerl am Kragen!«
»Und was machst du?«, fragt Dina.
»Ich klapp die Fensterläden der Terrassentür zu, wenn der Räuber drin ist. Dann sitzt er in der Falle, und Herr Bär kann ihn in aller Ruhe verhaften. Er weiß bestimmt, wie man das macht. Schließlich war er lang genug bei der Polizei!«, sagt Robin.
»Jetzt kommt der Köder in die Mausefalle«, sagt Dina und legt Tante Bessies Schmuck auf den Wohnzimmertisch. Oma legt noch ihre Brosche dazu, eine hübsche goldene Anstecknadel mit einem Eisvogel drauf.
»Das ist unser Lockvögelchen, hihi!«, kichert Oma und reibt sich vergnügt die Hände.

Dina setzt nun noch alles ins rechte Licht: Sie knipst die Nachttischlampe an und richtet den Lichtkegel direkt auf den Schmuck. Der blinkt und glitzert wie die Schätze von Ali Baba und den vierzig Räubern.

»Das muss ihn anziehen wie ein Magnet!«, findet Oma.

»Wir machen die Terrassentür weit auf. Ich liege hinter der Regentonne auf der Lauer!«, sagt Robin.

»Wozu brauchen wir dann noch die Bratwürste? Wollen wir die nicht lieber selber essen?«, fragt Oma, die langsam Hunger bekommt.

»Einen gefährlichen Räuber muss man mit raffinierten Tricks anlocken«, sagt Robin. »Und Würste mag er offenbar besonders gern. Hätte er sie sonst gestohlen?«
»Robin hat Recht«, sagt Dina. »Durch den Duft von Speckpfannkuchen und Bratwürsten wird der Räuber bestimmt aus dem hintersten Winkel des Waldes gelockt!«
Robin nickt. »Ja, so bestimmen wir den Zeitpunkt! Speck und Würste machen ihn durstig. Dann trinkt er das Bier. In dem Bier ist die Schlaftablette. Er wird müde. Er legt sich hin und schläft. Wir fesseln ihn bloß mit dem Springseil. Und Herr Bär bringt ihn dann zum Gefängnis!«
»Also ran an den Speck!«, sagt Oma und setzt die Pfanne auf den Herd.
»Jetzt geht's um die Wurst!«, sagt Dina und holt die Bratwürste aus dem Kühlschrank.
Als es herrlich nach Speck und Bratwürsten duftet, kommt der Räuber tatsächlich angeschlichen.
Durchs Erdbeerbeet!

Man hört es rascheln.
Jetzt stolpert er über den Draht …
Die Klingel ertönt.
Dina schießt im Dachzimmer die Signalrakete ab.
Herr Bär hechtet über den Zaun.
Robin wirft die Fensterläden zu.
Der Räuber ist in der Falle!
Dina rutscht an einem Seil aus dem ersten Stock herunter und flüstert: »Habt ihr ihn?«

»Psst!«, sagt Herr Bär. »Ich höre ihn schmatzen.«
»Du hörst ihn platzen?«, fragt Oma.
»Schmatzen«, sagt Dina.
»Herr Bär! Nun verhaften Sie ihn schon!«, drängelt Robin.
»Gleich! Erst muss er schläfrig sein!«, flüstert Bär zurück.
Oma späht durchs Erkerfenster. Wenn sie den Räuber schon nicht hören kann, will sie ihn wenigstens sehen.
»Moment mal! Den kenn ich doch!«, ruft sie überrascht. »Das ist doch – das ist doch –, ja, das ist doch nicht die Möglichkeit! Und jetzt trinkt er auch noch Bier!«
»Das soll er doch!«, brummt Herr Bär.
»Da bin ich nicht so sicher«, sagt Oma und macht Platz für die anderen.
Jetzt drängeln sich auch Robin, Dina und Herr Bär ans Fenster.
»Das darf doch nicht wahr sein!«, ruft Herr Bär. »Das ist ja Randolf!!! Mein Randolf!«
»Räuber Randolf, den kenn ich seit Jahren«,

sagt Oma, und dann prustet sie los und lacht.
Robin muss den Schreck erst verdauen.
»Der Köter verschlingt den Köder«, knurrt er sauer. »Randolf, du frecher Hund!«
»Schade um die Speckpfannkuchen und Bratwürste!«, ruft Dina.
»Räuber ist Räuber!«, sagt Herr Bär. »Ich werde den Schlingel verhaften!«
Er öffnet die Terrassentür, packt den Dieb am Halsband und schimpft: »Randolf! Schäm dich! Du alter Räuber!«
»Tja, wer andern eine Falle stellt, tappt selbst hinein«, sagt Oma und kichert.
»Aber – der Hund kann doch nicht meine gute Wolldecke gefressen haben?«, grübelt Herr Bär, als er sich verabschiedet.
»Meinen Sie etwa diesen alten Lappen?«, fragt Oma und öffnet das Garagentor. Eine Katze springt heraus. Auf einer reichlich zerflusten Decke hinten in der Ecke liegen sechs kleine Kätzchen.
»Dieses Ding hat die Katze vor kurzem

angeschleppt. Sie brauchte dringend ein Kinderbett.«

»Ja, das ist, das heißt, das war sie. Kaum wieder zu erkennen!« Herr Bär ringt um Fassung. »Wir hatten es also in diesem Fall mit zwei Tätern zu tun. Sehr ungewöhnlich.«

»Na und? Jetzt ist der Fall wenigstens gelöst«, sagt Oma. »Und wir haben eben nicht nur einen Räuber entdeckt, sondern zwei. Und sechs Räuberkinder. Ist das nichts?«

Dina ist begeistert. »Unsere Räuberfalle war jedenfalls ein Hit, oder nicht?«

»Technisch hat sie funktioniert«, sagt Robin zufrieden und rollt den Stolperdraht wieder auf. Schließlich ist es ein vielseitig einsetzbarer Erfinderdraht. Den kann man immer brauchen. Zumindest, wenn man auf Draht ist wie Robin.

Ritschi Ratzeputz von Raubazien

Vor ungefähr 213 Jahren lebte im Königreich Raubazien der berühmte Räuber Ritschi Ratzeputz. Er war ein gefürchteter Wegelagerer. Kein Reisender war vor ihm sicher. Als er alt und steinreich geworden war, baute er sich ein riesiges Räuberhaus auf einer Felsklippe über dem Meer. Dort wollte er eine Räuberfamilie gründen. Dazu fehlte ihm eine Frau. Aber auch dafür fand er rasch eine Lösung. Er raubte sie einfach aus der nächsten Postkutsche.
Es war eine hübsche junge Frau, und er heiratete sie noch am gleichen Tag.
Fünf Söhne bekam der Räuber Ratzeputz und eine Tochter. Die nannte er Rätzchen. Er liebte sie besonders und erfüllte ihr jeden Wunsch, noch ehe sie ihn ausgesprochen

hatte. An seinem 88. Geburtstag verheiratete er Rätzchen mit dem Sohn eines verarmten Grafen und schenkte dem Paar zur Hochzeit eine pechschwarze Kutsche mit sechs rotbraunen Pferden und ein schneeweißes Schloss.

Mit seinen Söhnen ging der Räuber Ratzeputz viel strenger um.
Weil es damals so Sitte war, mussten die Jungen viel mehr lernen als die Mädchen. Sogar lesen und schreiben. Außerdem mussten sie das Einmaleins vorwärts und rückwärts können und sich mit Geldgeschäften auskennen. Obendrein trieben die jungen Ratzeputze täglich Sport und lernten allerhand Kunststücke und Gaunertricks. Schließlich sollten sie einmal die besten Räuber weit und breit werden.

Die Söhne enttäuschten den Vater nicht. Sie wurden sehr tüchtig.
Jeder auf seine Art.
Der erste wurde ein gefürchteter Postkutschenräuber.
Der zweite ein weltbekannter Seeräuber.
Der dritte ein geschickter Trickdieb.
Der vierte ein gerissener Geldräuber.
Der fünfte schlug allerdings ein wenig aus der Reihe. Er ging in die Hauptstadt und

besuchte die königliche Gelehrtenschule. Dort lernte und studierte er alles, was man über Geld und Steuern wissen musste. Er wollte einen ehrenwerten Beruf ergreifen. Schließlich wurde er königlicher Steuereintreiber.
Er fand an seinem Beruf genauso viel Gefallen wie seine Brüder an ihren. War das ein Wunder? Er durfte im Auftrag des Königs den Leuten die Steuergelder aus der Tasche ziehen und wurde sogar noch königlich dafür bezahlt.

Der Räuber mit der grünen Maske

Borke war 178 cm groß, hatte dunkle Haare, eine kleine Nase und große Ohren. Außerdem hatte er eine sehr energische Frau. Sie hieß Birke und schimpfte oft mit ihm:

Weil er spät nach Hause kam,
weil er so laut schnarchte,
weil er beim Essen schmatzte,
weil er seine zerlöcherten Socken durch die Gegend pfefferte,
weil er sich selten wusch,
weil er dauernd seine Knöpfe abriss und vor allem weil er nicht genug Geld verdiente.

Dass er immer knapp bei Kasse war, störte Borke allerdings selber. Aber was sollte er machen? Bis er morgens aus dem Bett kroch, war alle Arbeit, für die man Geld

bekam, immer schon an andere Leute vergeben.
Eines Montags um zwölf Uhr, als Borke immer noch im Bett lag und schnarchte, holte Birke einen Eimer mit eiskaltem Wasser und schüttete ihn ihrem verschlafenen Mann über den Kopf.

»Du Faulpelz! Du Tagedieb!«, rief sie. »Wenn du nicht aufstehen kannst, dann solltest du wenigstens Nachtwächter werden!«
Borke schoss mit einem Satz aus den Federn. Er fauchte wie ein Tiger und rannte aus dem Haus. Anziehen musste er sich gar nicht erst, denn er hatte in Kleidern geschlafen, weil er zum Ausziehen zu faul gewesen war.

Am Stadtpark traf er Lumpen-Billy.
Der hatte für Borke immer ein paar tröstende Worte, wenn er Kummer hatte. Borke setzte sich neben ihn und klagte ihm sein Leid.

»Ich halt es nicht mehr aus, Billy! Meine Frau ist ein richtiger Hausdrachen. Sie stört das Schwarze unter meinen Fingernägeln und jeder Riss im Hemd. Sie gönnt mir nichts. Nicht einmal meine Ruhe. Und dann die Sache mit dem Geld …«

Billy hörte geduldig zu. Dann brummte er: »Vielleicht kann ich dir helfen …«

»Mir kann keiner helfen!«, jammerte Borke, dem kein Mensch auf der Welt so Leid tat wie er selbst.

»Hör doch erst mal zu, du alte Heulboje«, brummte Lumpen-Billy. »Ich weiß eine Arbeit, bei der eine Menge Geld zu verdienen ist.«

»Arbeit? Aber erst mittags nach zwölf Uhr! Und nicht zu lange!«, maulte Borke.

»So gegen ein Uhr und nicht mehr als zehn Minuten Arbeit. Dann bist du reich. Ich hab den Tipp von Kaktus-Kalle.«

»Nicht mehr als zehn Minuten? Ehrlich?« Borke zeigte nun doch Interesse.

Gemeinsam machten sie sich auf den Weg

zum Bahnhof, wo Kaktus-Kalle neben dem Haupteingang Lotterielose verkaufte.
»He, Kalle, alter Kumpel!«, rief Billy. »Ich hab einen Geschäftsfreund mitgebracht, der dringend Geld braucht.«
»Nun«, sagte Kaktus-Kalle und rieb sich den Stoppelbart. »Es handelt sich allerdings um eine riskante Sache. Hast du ihn denn schon eingeweiht, Billy?«
»Kein Sterbenswörtchen ist über meine Lippe gehüpft. War doch so abgemacht!«, antwortete Billy.
Kaktus-Kalle lächelte zufrieden und sagte: »Na, dann kommt mal mit!« Er packte seine Lose in einen abgeschabten kleinen Lederkoffer und ging mit den beiden in das »Beschwipste Gnu«, seine Stammkneipe. Dort schmiedeten sie ihren Plan.
Nach dem dritten Glas war Borke einverstanden. Er würde Geld haben. Viel Geld!
Und dann wollte er sich einen feuerroten Porsche und schwarze Lackschuhe kaufen.

Und ein Hemd, an dem alle Knöpfe dran waren. Vielleicht auch ein Stück Luxusseife, wer weiß. Dazu eine goldene Uhr und eine seidene Krawatte mit Löwen drauf. Birke würde das Schimpfen schon vergehen, wenn er dann mit seinem Superschlitten und einem großen Blumenstrauß vor der Haustür stand …
Was die drei vorhatten, ist leicht zu erraten. Das »schnelle Geld« sollte natürlich auf unehrliche Weise in Borkes Taschen geraten. Genauer gesagt, durch einen Überfall auf die neue Sparkasse am Stadt-

park. Am Freitag, Punkt ein Uhr sollte es losgehen, weil da immer das große Geldauto kam, das die Lohngelder zur Bank brachte. Dann waren auch die Mülltonnen hinter der Bank geleert. In denen konnte man sich gut verstecken. Das hatte Billy längst ausgekundschaftet. »Kannst du pünktlich sein?«, fragte Kaktus-Kalle.
»Aber immer!«, versicherte Borke großspurig.

Aber das war leichter gesagt als getan. Um ein Haar hätte Borke nämlich wieder verschlafen! Erst in allerletzter Minute sprang er aus dem Bett in die Kleider. Zu spät bemerkte er, dass er zwei verschiedene Schuhe angezogen hatte und ein viel zu auffälliges Hemd. Außerdem hatte er vergessen, eine Strumpfmaske zu besorgen. Wo um Himmels willen sollte er jetzt in der Eile eine Strumpfmaske herbekommen? Er sah sich um und entdeckte Birkes Strickzeug. Es war eine fast fertige hellgrüne Strampelhose.

»Gut genug!«, rief Borke. Er riss die Nadeln heraus und schnitt zwei Sehschlitze in die Babyhose. Er stopfte sie so gut es ging in seine Tasche und stürmte aus dem Haus. Dann schwang er sich auf sein Fahrrad und fuhr in die Stadt. Genau in diesem Augenblick trat Birke ans Küchenfenster. Sie war von Borkes heimlichem Herumschleichen wach geworden. Als sie sah, was er mitgenommen hatte, kochte sie

vor Wut! Zu allem Überfluss begann es zu regnen.
»Dann machen wir eben nasse Kasse!«, brummte Kaktus-Kalle entschlossen und schlug den Kragen seines Regenmantels hoch. »Geht in euer Versteck. Dort ist es wenigstens trocken!«
Billy und Borke kletterten in die Mülltonnen auf dem Hinterhof der Bank. Sie waren leer. Alles lief genau nach Plan. Als der Geldbote den Geldsack aus dem Laderaum des

Autos nahm, hoben sich neben ihm drei Mülltonnendeckel.
Drei maskierte Köpfe sahen ihn an. Drei Hände in schwarzen Handschuhen richteten pechschwarze Spritzpistolen auf ihn. Eine dumpfe Stimme sagte: »Keinen Mucks! Hände hoch, oder es knallt!«
Der Geldbote ließ den Geldsack fallen und hob zitternd die Hände. Billy und Borke kletterten aus der Tonne. Sie stülpten dem Mann einen Kartoffelsack über den Kopf und verschnürten ihn. Dann nahmen sie den Geldsack und legten dafür den riesigen Kartoffelsack in das Geldauto: Jetzt kletterte der Fahrer aus dem Auto. Er wunderte sich, wo sein Kollege so lange steckte. Ehe er sich's versah, steckte er ebenfalls in einem Kartoffelsack.
»Da liegen sie wie zwei eingerollte Pfannkuchen«, sagte Kaktus-Kalle zufrieden, schnappte sich den zweiten Geldsack und klappte die Tür des Lieferwagens zu. Borke, der mit der grasgrünen Strampelhose eher

wie ein Marsmännchen aussah, sagte: »Das hätte ich mir nicht so leicht vorgestellt!« Doch er hatte sich zu früh gefreut. Denn plötzlich erklang von der Straße her großes Geschrei: »Da ist er! Das ist sein Fahrrad!« »Meine Frau!«, rief Borke erschrocken und suchte verzweifelt nach einem Versteck. Aber Birke stürmte schon in den Hinterhof.

»Dieb! Räuber! Borke, du Schuft! Runter mit der Strampelhose!«, rief sie empört und riss ihm die Maske vom Kopf. Borke wehrte sich zwar, aber er bekam mit dem Regenschirm eins übergebraten.
»Überfall!«, rief plötzlich jemand, der das fahrerlose Geldauto und die Männer mit den Masken entdeckt hatte.
Lumpen-Billy und Kaktus-Kalle wollten fliehen. Aber Birke schwang ihren Regenschirm und schickte sie genauso zu Boden wie ihren Borke.
Zwei Bankangestellte kamen in den Hinterhof. Sie befreiten die Geldboten. Gemeinsam mit der Menschenmenge, die sich inzwischen angesammelt hatte, bewachten sie die bewusstlosen Räuber.
Tatütata! Endlich kam das Polizeiauto.
Das Geld wurde in den Tresor der Bank gebracht. Die Räuber wurden gefesselt. Die Geldboten wurden wieder ausgewickelt.
»Wer hat die Räuber k. o. geschlagen?«, fragte ein Polizist verwundert.

»Es war eine Frau! Eine junge Frau mit grüner Strickjacke!«, rief eine alte Dame. »Ich habe gesehen, wie sie dem Räuber mit ihrem Regenschirm eins übergezogen hat! Eben stand sie noch da!«
Jetzt suchten alle nach der mutigen Frau. Aber Birke hatte sich längst aus dem Staub gemacht.

»Da hat doch dieser Kerl tatsächlich Löcher in die Strampelhose geschnitten!«, schimpfte sie, als sie auf ihrem Fahrrad heimwärts radelte. »Die schöne Babyhose! Es ist wirklich ein Jammer. Wenn einer schon nicht arbeitet, sollte er wenigstens die Arbeit seiner Frau achten!«

Tagelang suchte man in der ganzen Stadt nach der tapferen Frau, die die Räuber mit dem Schirm zur Strecke gebracht hatte.
Sie sollte von der Bank eine Belohnung bekommen.
Aber man fand sie nicht,
Birke saß zu Hause und strickte neue Strampelhosen. Sieben Stück wurden fertig, ehe das Baby auf die Welt kam.

Wenig später wurde auch Borke aus dem Gefängnis entlassen. Er steht jetzt früher auf, weil das Baby morgens schreit.
Und er hat eine Arbeit.
Als Regenschirmverkäufer.
Da muss er bei schönem Wetter überhaupt nichts tun. Da überlässt er nämlich

großzügig Lumpen-Billy und Kaktus-Kalle sein Geschäft. Die verkaufen Sonnenhüte.

Abenteuerferien

Am letzten Schultag wird in der 3b fast nur über Ferienpläne geredet.
»Ich fahre nach Bornholm!«, sagt Ines. »Da gab es früher echte Seeräuber!«
»Wir fahren nach Amerika. In die Smoky Mountains. Da gibt es noch echte Indianer!«, prahlt Paul.
»Wir fahren nach Schottland, da gibt es noch echte Geisterschlösser!«, protzt Kevin.

»Und wir fahren nach Ratzeburg. Da wohnt unsere echte Oma«, sagt Sara.
»Ist das weit?«, fragt Paul.
»In zwei Stunden ist man dort«, sagt Ricky, Saras Zwillingsbruder.
»Ach so.« Pauls Blicke sind voller Mitleid. Er fliegt schließlich über den großen Ozean.
»Es ist schön in Ratzeburg«, sagt Ricky.
»Da können wir zum See radeln und schwimmen, sooft wir wollen!«
Aber Ines und Paul scheint das nicht zu beeindrucken.

Sara fährt gern zu ihrer Oma, aber plötzlich hat sie das Gefühl, dass die anderen sie bedauern.
Wieso eigentlich?
»Na ja«, sagt Ricky, als Sara mit ihm auf dem Heimweg darüber spricht, »Indianer und Seeräuber, das klingt natürlich aufregender als Oma und Fahrrad.«

Das alles ist längst vergessen, als Ricky und Sara endlich bei Oma in Ratzeburg sind.
Es ist ein herrlicher Sommer, und sie fahren fast jeden Tag zum Schwimmbad am See: Beide haben im vergangenen Jahr ihren Freischwimmer in Bronze gemacht. Jetzt üben sie für den Silbernen.
Als sie am Freitagnachmittag vom Baden zurückradeln, fällt Sara etwas ein: »Oma hat gesagt, wir sollten vom Bäcker in der Hauptstraße frische Brezeln mitbringen!«
»Hätt ich glatt vergessen!«, sagt Ricky.
Sie machen einen kleinen Umweg durch die Stadt. Vor der Bäckerei stellen sie die Räder ab.
»Sieh mal, wie der flitzt!«, sagt Ricky und deutet auf einen Mann, der aus der gegenüberliegenden Apotheke stürmt.
»Vielleicht hat seine Frau schlimmes Fieber«, überlegt Sara.
»Glaub ich nicht! Der rennt, als hätt er was geklaut!«

Jetzt kommt eine junge Frau im weißen Kittel aus der Apotheke gelaufen und ruft: »Hilfe, Überfall!«

»Siehste!«, sagt Ricky triumphierend. »Ich hatte Recht!«

»Er rennt zum Parkplatz beim Rathaus«, ruft Sara. »Nichts wie hinterher.«

Die Zwillinge steigen auf die Räder und heften sich dem Dieb an die Fersen.

Als sie zum Parkplatz kommen, sehen sie

gerade noch, wie der Mann in einen blauen Opel Vectra springt. Nach einem Blitzstart fährt er davon.
»Die Autonummer!«, ruft Ricky geistesgegenwärtig. »Merk du dir die Buchstaben. Ich merk mir den Rest!«
»SHG«, murmelt Sara vor sich hin und kramt in ihrer Badetasche. »Wir müssen alles aufschreiben, damit wir es nicht vergessen!« Sie findet einen Kuli. Aber kein Papier.

»Gib her!«, sagt Ricky und schreibt die Nummer auf den Rand seines Turnschuhs. Sara diktiert ihm die Buchstaben. Die setzt er davor.
Jetzt hören sie das Martinshorn eines Polizeiautos. Es biegt bei der Apotheke um die Ecke. Sie rennen über die Straße.
»Zu spät!«, sagt die Apothekerin gerade zu den beiden Polizisten. »Der Räuber ist entwischt. Ich war allein im Laden. Er hat mich mit dem Revolver bedroht und das ganze Geld verlangt. Und Chloroform!«
Jetzt erst fallen einem der Polizisten die beiden Kinder auf.
»Was wollt ihr hier?«, fragt er. »Wohl neugierig, wie?«
»Genau!«, sagt Ricky. »Neugierig, wie Sie ohne unsere Hilfe den Räuber fangen wollen.«
Jetzt wird auch der zweite Polizist auf die beiden aufmerksam. Er schaltet schnell.
»Habt ihr beiden denn etwas Wichtiges beobachtet?«

»Ich denk schon«, antwortet Sara. »Wir haben gesehen, wie der Mann aus der Apotheke lief und zu seinem Auto rannte.«
»Wir haben auch gesehen, wie er weggefahren ist. Dorthin!« Ricky deutet mit der Hand in Richtung Stadtmitte.
»Und wir haben seine Autonummer aufgeschrieben!«, sagt Sara triumphierend.

»Die Autonummer? Wo?«, fragt der Polizist verblüfft:
»Hier!«, sagt Ricky und streckt seinen Fuß hin. »Es war ein blauer Opel Vectra!«
»Das ist ja, tsss, tsss…«, macht der eine Polizist erstaunt und schreibt die Nummer von Rickys Turnschuh ab. »Das ist ja unglaublich!«
»Ihr seid wirklich zwei ganz tolle Detektive!«, lobt der andere Polizist die Zwillinge. Dann läuft er schnell zum Polizeiwagen und gibt die Autonummer über Funk zur Fahndung durch.

So ist es der Aufmerksamkeit von Sara und Ricky zu verdanken, dass der Räuber noch am selben Tag gefasst wird.
In seiner Wohnung findet die Polizei ein riesiges Diebeslager: Waffen, Patronen und genaue Pläne für eine Entführung. Mit dem Chloroform aus der Apotheke wollte er sein Opfer betäuben …
»Ihr habt Schlimmes verhindert«, sagt

der Kommissar, der Sara und Ricky am nächsten Tag zu einem Mega-Eisbecher einlädt.
»So aufregend kann Ratzeburg sein!«, sagt Ricky zu Sara.
Aber das ist noch nicht alles.
Für die »kriminalistische Meisterleistung bei der Aufklärung einer schweren Straftat« ernennt die Polizeiinspektion Ratzeburg die Zwillinge zu Ehrendetektiven.
Am nächsten Tag ist das Foto der beiden auf der Titelseite der Zeitung.
»Die nehmen wir mit nach Hause«, sagt Ricky stolz. »Für Papa und Mama.«

»Und für Paul, Kevin und Ines!«, fügt Sara hinzu. »Gegen unseren echten Apothekenräuber sehen ihre unechten Geister und Piraten doch ziemlich blass aus.«

Weltraumgeschichten

Alarmsignale

Rocky tritt aus dem Felsenhaus unterhalb des Vulkans Poo und sieht ins Weltall hinaus. Es ist eine ruhige, sternklare Nacht. Er kann mit bloßem Auge die Milchstraße erkennen. Die Planeten kreisen gelassen, Satelliten ziehen ihre Bahn. Keine Anzeichen von Gefahr.
Auch auf dem rotweißen Leuchtturm blinkt kein Warnlicht. Trotzdem will er noch mal von dort oben einen Blick durch das intergalaktische Fernrohr werfen, ehe er sich ins Bett legt. Rocky läuft zu seiner Beobachtungsstation hinüber. Es ist eine geschickte Konstruktion. An dem Bauwerk führt außen eine spiralförmige, rote Feuerwehrrutschbahn hinunter. So ist Rocky im Notfall sekundenschnell einsatzbereit.

Gleich neben dem Leuchtturm parkt »Feuervogel«, die blitzschnelle Weltraumrakete, mit der Rocky zu seinen Hilfseinsätzen fliegt.
Der Beobachtungsturm steht genau in der Mitte des Planeten Pi. Von seiner obersten Plattform aus kann man den halben

Planeten und fast den ganzen Weltraum überblicken.
Der Planet Pi ist von einem interplanetarischen Komitee vor einiger Zeit als Notrufstation ausgesucht worden, weil er genau in der Mitte des Weltalls liegt. Er ist nicht sehr groß. Nicht viel größer als der Name. Seine größte Erhebung ist der schon erwähnte Vulkan Poo hinter Rockys Felsenhaus. Zu seinen Füßen liegt der Kratersee Puu, der von Wiesen und einem Wald mit Mondapfelbäumen eingerahmt wird.
Rocky ist im Augenblick der einzige Bewohner auf Pi. Und selbst er ist meist nicht da, weil er irgendwo im Weltall mit Feuervogel zum Einsatz unterwegs ist. Er hilft Sternbewohnern, die in Not geraten sind, oder Astronauten, die eine Weltraumpanne haben. – So, das musste erst einmal erzählt werden, damit man einen ersten Eindruck von dem kleinen, aber ungeheuer wichtigen Planeten bekommt,

auf dem der Weltraumpilot Rocky seiner verantwortungsvollen Aufgabe nachgeht. Gerade als Rocky die oberste Plattform des Aussichtsturms erreicht, beginnen die Alarmsignale zu blinken. Rocky läuft an seinen Bildschirm.

Der Notruf kommt aus dem Andromedanebel! Das gelbe Postraumschiff Orion meldet Treibstoffmangel. Es droht abzustürzen.

»Rocky von Pi an Orion. Die nächste Tankstelle ist im Sternbild Drache!«, ruft Rocky ins Mikrofon.

»Orion an Rocky von Pi«, meldet sich die aufgeregte Stimme wieder. »Haben alles versucht, aber die Tankstellen sind wegen eines großen Drachenfestes geschlossen! SOS-SOS!«

»Verstanden. Bin schon unterwegs!« Rocky hechtet auf die Rutschbahn und rutscht außen am Leuchtturm entlang, hinunter auf die Landebahn. Ein Reservetank ist immer an Bord.

Rocky schaltet die Triebwerke und den Zeitraffer ein. Schon geht es los. In rasender Geschwindigkeit bewegt er sich mit Feuervogel durch die Schwerelosigkeit auf das Postraumschiff zu.

Um 133.26 Uhr Weltraumzeit kann er es als stecknadelgroßen blinkenden Punkt auf dem Radarschirm erkennen. Dann wird es größer und größer.

»Jetzt müssten wir bald Sichtkontakt haben!«, murmelt Rocky und sieht aus dem Seitenfenster. Aber statt des Postraumschiffs entdeckt er in der Ferne einen

Kometen. Jetzt leuchtet auch das Kometenwarnlicht am Bordcomputer auf.
Höchste Gefahr! Rocky reagiert schnell.
Eilig programmiert er Brems- und Steuerdüsen um. Wenige Minuten später zieht der Komet mit seinem riesigen Feuerschweif

am Raumschiff vorüber. »Uff«, murmelt er. »Das war knapp!«
Jetzt meldet sich das Postraumschiff wieder.
»Treibstoff tendiert gegen Null! SOS! Elektronik fällt aus! Das ist vermutlich der letzte Funkkontakt! Mayday! Mayday!«
»Rocky an Orion. Ich komme. Musste einem Kometen ausweichen. Haltet durch. Bin in wenigen Minuten bei euch!«
Keine Antwort.
Aber der Punkt auf dem Radarschirm wird größer und größer. Auch mit bloßem Auge erkennt Rocky jetzt am Horizont ein gelbes Raumschiff, die Orion. Es trudelt. Die Steuerdüsen sind ausgefallen! Rocky drosselt vorsichtig seine Geschwindigkeit und fliegt einen Bogen. Als er längseits neben dem manövrierunfähigen Raumschiff liegt, fährt er zwei von Feuervogels Magnetarmen aus. Sie greifen mit ihren Saugnäpfen nach Orion. Die Lage des Postraumschiffs stabilisiert sich. Rocky dockt an. Über ein

magnetisierbares Trittbrett, das jetzt fest mit der Metallwand des Postraumschiffs verbunden ist, erreicht Rocky auf seinen schweren Weltraumschuhen den Einfüllstutzen der Rakete.

»Danke, das war in letzter Minute«, sagt der Postpilot zu Rocky, als der Tank voll ist. »Und was das Schlimmste ist: Es war mein Fehler!«

»Ganz schön leichtsinnig«, sagt Rocky zu dem Piloten. »Wie konnte das passieren?«

»Ich hab mich unterwegs auf ein Wettrennen mit einem Kometen eingelassen«, gesteht der Pilot zerknirscht. »Und das kostet Treibstoff.«
»Wahrscheinlich der Komet, dem ich ausweichen musste. Du solltest in Zukunft besser auf dich aufpassen. Weltraumraser leben nicht lang.«
Der Pilot bedankt sich und verspricht, nie mehr mit überhöhter Geschwindigkeit zu fliegen.
»In ein paar Tagen hat der Kerl wahrscheinlich alles wieder vergessen«, sagt Rocky zu Feuervogel, als sie sich wieder im Anflug auf Pi befinden. Feuervogel zündet seine Bremsraketen. Es klingt wie Zustimmung. Sie schwenken auf die Landebahn ein und setzen mit einem kleinen Ruck auf dem Heimatplaneten auf.
»Jetzt haben wir unsere Nachtruhe aber verdient!«, sagt Rocky, als er Feuervogel auf dem Platz mit dem großen F neben dem Beobachtungsturm parkt. Er pflückt noch

eine Frucht vom Mondapfelbaum und geht dann ins Haus.

Notruf von Luna 13

Aus einem ruhigen Schlaf wird leider nichts. Mitten in der Nacht klingelt das rote Telefon neben Rockys Bett.

»Luna 13 an Planet Pi, Luna 13 an Planet Pi …«, erklingt es immer wieder aus dem Hörer.
»Hier Rocky von Pi«, meldet sich Rocky verschlafen.
»Hier Roberto Pizza! Panne auf dem Mond! Bitten um Hilfe!«
»Was ist passiert?«, erkundigt sich Rocky, und schon springt er von seinem Bett auf.
»Wir sind auf einer Mondexkursion der Universität Alamak mit Luna 13 um 123.45 Uhr Weltraumzeit planmäßig auf dem Mond gelandet. Bei einer Untersuchung der Mondoberfläche brach die dünne Kruste eines Mondkratersees. Mein Assistent stürzte und brach ein. Da wir angeseilt waren, rutschten alle anderen hinterher. Wir sind sieben und hängen jetzt über einer Kraterspalte an einem Seil, von dem wir nicht wissen, wie lange es hält.«
»Bitte Ruhe bewahren! Ich komme!«, sagt Rocky. Ohne den Hörer aus der Hand

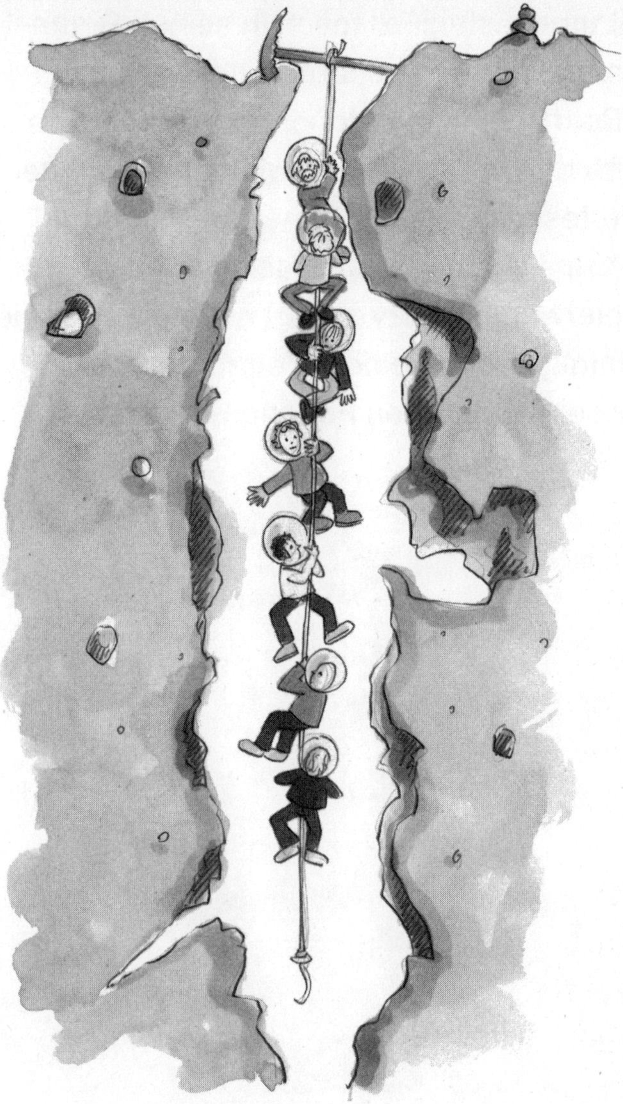

zu legen, steigt er rasch in seinen Raumanzug, der neben dem Bett bereitliegt.
»Bald kommt die Mondnacht. Da wird es eiskalt. Das überleben wir nicht!«, ruft der Professor. Seine Stimme zittert.
»Keine Panik!«, sagt Rocky. »Bin schon unterwegs. Rocky notiert noch die Lage des Unfallortes auf einem Zettel. Dann zieht er seinen dicksten Fellanorak über den

Raumanzug. Wie kalt eine Mondnacht sein kann, weiß er aus eigener Erfahrung: Über 270 Grad minus!
Das alles dauert nicht länger als drei Minuten. Dann rennt er zu Feuervogel und klettert in das Cockpit. »Los, Alter! Blitzstart! Volle power voraus! Höchste Gefahr! Professor Pizza hängt mit einer Gruppe Studenten in einem Mondkrater fest!« Rocky stellt das Programm für die automatische Mondlandung ein und Feuervogel stellt die Triebwerke auf Schub.
»Wird knapp!«, murmelt Rocky nach einem Blick auf die Sternenuhr an seinem Handgelenk.
Er vergleicht sie mit den Bordinstrumenten. »Du musst noch einen Zahn zulegen, Junge!«, sagt er zu Feuervogel und zieht den Steuerknüppel. Dann schaltet er den Zeitraffer ein. So läuft alles tausendmal schneller.
Endlich erscheint der Mond am Horizont. Es ist nur noch ein fingernagelgroßes Stück im

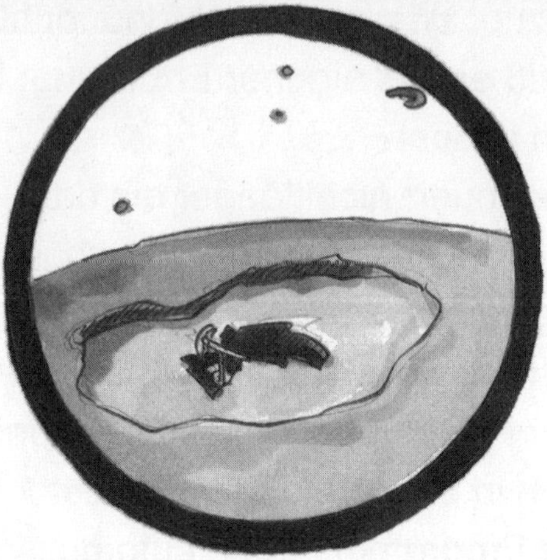

Sonnenlicht zu erkennen. Rocky holt den Zettel aus der Anoraktasche, auf der er die genaue Position des Kraters notiert hat, und gibt die Daten in die vollautomatische Landungsansteuerung ein. Die Mondsichel kommt näher und näher. Die Mondkrater, die erst nur wie Blubberblasen ausgesehen haben, werden zu Bergen und Tälern. Feuervogel schwenkt in die berechnete Landebahn ein. Schon sind sie so nah, dass Rocky mit dem Fernglas vom Cockpitfenster aus die sieben dunklen Punkte im Krater erkennen

kann, bei denen es sich um den Professor und seine Studenten handeln muss.
»Wenn wir nur nicht auch auf eine brüchige Stelle treffen«, denkt Rocky noch. Da landet die Rakete schon. Mondstaub wirbelt umher. Ziemlich schräg steht sie da – wird der Mondboden halten?
Rocky öffnet die Tür, klettert langsam die etwas wackelige Aluminiumleiter hinunter und tritt vorsichtig auf. – Geschafft! Er steht sicher!
Er nützt nun die Schwerelosigkeit aus und hopst mit riesigen Sprüngen zum Kraterrand.
»Professor! Ich komme!«

Der Professor winkt zum Zeichen, dass er verstanden hat, mit der Hand. Sekundenschnell peilt Rocky die Lage. Er braucht eine Seilwinde! Die befindet sich in der linken Deckelklappe am Rumpf von Feuervogel. Hoffentlich kippt das Raumschiff beim Rettungsmanöver nicht um. Rocky überlegt, ob er noch anders parken kann. Aber dann kommt ein eiskalter Wind auf und verkündet das Hereinbrechen der Mondnacht. Eile ist jetzt das höchste Gebot. Er befestigt Karabinerhaken am Seil und beginnt, die Verunglückten aus dem Krater zu hieven. Ein Blick nach hinten sagt Rocky: Feuervogel hält stand, er bewegt sich keinen Zentimeter. Endlich hat Rocky Professor Pizza und seine Mannschaft heraufgeholt. Sie sind schon stocksteif gefroren.
»Das werd ich dir nie vergessen, Rocky!«, sagt Professor Pizza erleichtert und klopft ihm mit dem hart gefrorenen Handschuh auf die Schulter.
»Vielen Dank«, sagt Rocky. »Wir haben

doch nur unsere Pflicht getan. Schließlich ist es mein Job, anderen zu helfen!« Er begleitet den Professor und seine Studenten zurück zu Luna 13. Es ist ein Raumschiff modernster Bauart, das in den grellen Farben der Universität Alamak angestrichen ist. Nicht so ganz Rockys Geschmack. Feuervogel gefällt ihm besser.
»Guten Heimflug!«, wünscht Rocky noch.
»Haptschi«, niest Professor Pizza. »Scheint,

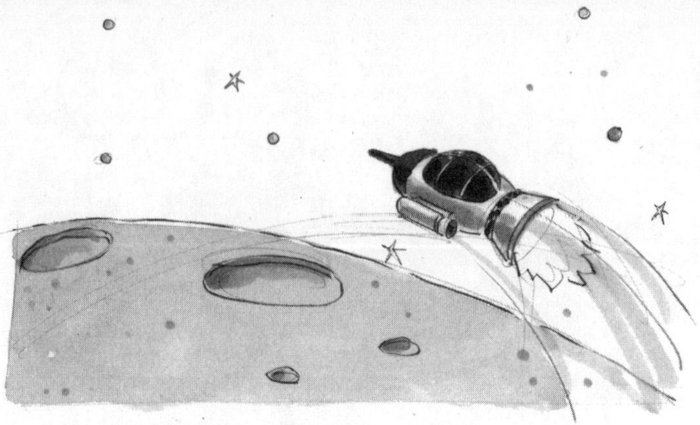

dass ich außer ein paar interessanten Mineralproben auch einen Mondschnupfen eingesammelt habe!« Jetzt wird es immer dunkler und kälter. Die Mondnacht bricht mit eisiger Macht herein. Rocky läuft, so schnell er kann, zu Feuervogel zurück. Fehlte noch, dass er selbst einen Hilferuf ins All schicken muss! Und der nächste Pannenposten ist bei der Kassiopeia. Das ist ganz schön weit weg.

Die Sternblume

Als Rocky am nächsten Morgen durch sein intergalaktisches Fernrohr in das All schaut, ist die Welt in Ordnung. Kein Stern auf der falschen Bahn, kein Raumschiff in Gefahr. Er kann in Ruhe frühstücken und sein Zimmer aufräumen. Er kann die Lampen im Leuchtturm putzen und sich Pfannkuchen und Mondapfelmus zum Mittagessen kochen. – Er könnte auch einen Ausflug zum Kratersee machen … Rocky schwimmt

für sein Leben gern und hofft nur, dass nicht gerade ein Notruf kommt, wenn er mitten im See ist. Aber er hat Glück. Als er sich abtrocknet, sieht er zum Berg Poo hinüber, der doppelt so groß ist wie sonst, weil er sich im glatten See spiegelt. Die samtgrünen Wiesen am Seeufer umrahmen das Bild. Schön ist es hier!, denkt er zufrieden. Er wirft sein Handtuch ins Gras und legt sich eine Weile in die Sonne.

Als er sich umdreht und auf die Wiese schaut, fällt sein Blick auf eine wunderschöne weiße Blüte.
Ein weißer Stern mit goldenen Staubgefäßen in der Mitte. Rocky sieht sich die Blume näher an. Da verschließt sie sich.
Jetzt ist sie nur noch eine kleine weiße Knospe mit einer grünen Halskrause.
Schade!, denkt Rocky enttäuscht und weicht wieder zurück. Da öffnet sich die Blüte wieder. Rocky findet heraus, dass sie sich öffnet oder schließt, je nachdem, ob das Licht oder Rockys Schatten auf sie fällt.
Rocky bestaunt das Wunder. Wie kommt es,

dass er diese Blume noch nie bemerkt hat? Ganz einfach, denkt er. Weil ich nie genug Zeit gehabt habe, auf der Wiese zu liegen! Sorgfältig gräbt Rocky die Blume aus. In beiden Händen trägt er sie nach Hause. »Schau, Feuervogel! Was ich gefunden hab! Eine wunderschöne Sternblume!« Aber der bleibt stumm. Wie immer, wenn seine Triebwerke schweigen.

»Ich hab die schönste Blume im Weltall entdeckt und ich kann es keinem erzählen!«, seufzt Rocky. Er pflanzt die Sternblume in eine Schale und stellt sie vor das Felsenhaus.
Am nächsten Tag hat die Sternblume eine neue Blüte. Rocky freut sich. Die erste Blüte ist jetzt nicht mehr allein. Rocky bedauert, dass er niemanden hat, der sich mit ihm freut. Am liebsten hätte er einen Funkspruch ins All geschickt: Schönste Blume des Universums gefunden. Wer freut sich mit?

Aber was nützte das? Freunde wachsen nicht aus dem Boden wie Sternblumen. Doch das Weltall ist groß. Irgendwo wartet sicher auch ein Freund auf mich, denkt Rocky.
Die Sternblume vor der Tür schaukelt im Wind mit den Blütenköpfen und es sieht aus, als würde sie zustimmend nicken.

Gefahr für Raumschiff Pling

Gerade als Rocky ins Haus gehen will, erreicht ihn wieder ein Notruf. Das Einsatzsignal schrillt. Das Licht der Notrufsäule flackert aufgeregt. Rocky rennt zum Turm. Irgendetwas im Sternensystem ist nicht

in Ordnung. Rocky sieht auf die hell erleuchtete Schalttafel im Computerraum und dreht aufgeregt an seinem ultragalaktischen Notrufscanner. Und dann findet er auch schon den Störenfried auf dem Radarschirm: Es ist der Doppelkomet Heli.

»Verflixt! Bis gestern lief der Kerl noch genau auf seiner vorgeschriebenen Bahn und jetzt versucht er auszureißen!«, murmelt Rocky.

Mit einem Druck auf die Emergency-Taste seines Computers schaltet er das Bahnberechnungsprogramm für Kometen ein und verknüpft es mit den Bahnplänen der anderen für diesen Raum gemeldeten Planeten und Satelliten.

»Himmel! Wenn der Komet so weiterfliegt, kracht er noch heute Nachmittag mit dem chinesischen Raumschiff Pling zusammen, das auf dem Weg zur Venus ist!«, murmelt er erschrocken.

Da fiept schon das Notrufsignal. Diesmal

R

kommt es über Raumfunk Delta 2. Der hat um diese Zeit die günstigsten Sendetarife. Das Raumschiff Pling meldet sich besorgt. Es hat soeben den Kometen mit dem Doppelschweif in seiner Flugbahn geortet. »Ching-ching-klingling-pingtsching-peng!«, erklingt es aufgeregt aus dem Notrufhandy. »Unser Flug erfolgt automatisch. Wir werden von Peking aus gesteuert und können den Kurs nicht ändern. Bitte entfernen Sie den Störenfried aus unserer Bahn.«
»Ich komme«, verspricht Rocky. Er rutscht blitzschnell die Leuchtturmrutschbahn hinunter, stürmt zu Feuervogel und klettert in das Cockpit. Sekunden später startet er. Der Rückstoß der Rakete lässt für einen Augenblick das Glas an der Pilotenkanzel vibrieren. Dann ist die Schwerkraft von Pi überwunden und Rocky schwebt ins All.
»Wir werden den Ausreißer einfach wieder auf die richtige Bahn schubsen«, murmelt Rocky und kontrolliert mit der üblichen

Sorgfalt die Bordinstrumente. Jetzt erscheint der Komet als blinkender Punkt auf dem Radarschirm.
»Wir müssen näher ran!«, sagt Rocky zu Feuervogel. Er rechnet auf dem Bordcomputer den genauen Neigungswinkel aus und verstellt die Steuerdüsen.
In der Nähe des Kometen erhöht sich die Temperatur an Bord gefährlich! In der Pilotenkanzel steigt sie trotz der siebenfachen Isolierglasscheiben auf 40 Grad Celsius!
Die Scheiben beginnen zu vibrieren.
Die Zeiger der Bordinstrumente spielen verrückt. Er klopft auf das Armaturenbrett und murmelt:
»Haltet durch, Jungs! Gleich ist es vorbei!«
Die Temperatur steigt auf 44 Grad!
»Puh! Das ist vielleicht ein heißer Genosse«, murmelt Rocky. »Was mach ich bloß?«
Er grübelt, wie er den Kometen in die richtige Bahn bringen kann, ohne ihm noch

näher zu kommen. Und dann hat er eine Idee.
Er schaltet die seitlichen Turbosteuerdüsen ein und faucht den Kometen Heli so lange damit an, bis der wieder auf dem richtigen Kurs ist.
Der zischt und funkt zwar ein bisschen unwillig, aber dann läuft er auf der vorgesehenen Bahn.
»Uff!«, sagt Rocky erleichtert, als er in einer weiten Schleife wieder Kurs auf den Planeten Pi nimmt. »Das ist noch mal gut gegangen.« Er lässt sofort einen Funk-

spruch an das chinesische Raumschiff los: »Rocky vom Planeten Pi an Raumschiff Pling: Der Weg ist frei! Komet Heli hat die gefährliche Flugbahn verlassen!«
Wenige Weltraumsekunden später kommt schon die Antwort: »Pling-tilocki-pi: haschipin-tschinfiling!« Der Sprachsimulator übersetzt es sofort: »Raumschiff Pling an Rocky vom Planeten Pi: Tausend Dank für rasche Rettung.«

»Na ja, dann hab ich mir ja wohl mein Mittagessen verdient«, brummt Rocky. Er wendet die Rakete zum Rückflug. Unterwegs gönnt er sich eine kleine Zwischenlandung auf dem Planeten M. Dort gibt es die besten Pommes mit Astronautenburger diesseits der Milchstraße. Satt und zufrieden landet er eine knappe Weltraumstunde später auf der Sternblumenwiese neben dem Felsenhaus.

Rocky und der Höllenhund

Einige Tage später kommt mitten in der Nacht ein Funkspruch aus dem Gebiet des Planeten Pluto. Es geht um nächtliche Ruhestörung!
Ein Hund, der höllisch laut den Mond anheult, stört die Bewohner auf den Neben-

planeten Jupiter, Saturn und Uranus.
Kaum hat Rocky die Klage in sein Computereinsatzprotokoll getippt, kommt schon wieder eine Beschwerde. Diesmal ist es eine Gruppe Marsmännchen, die der Lärm des Höllenhundes bei der Konferenz für Weltraumtouristik stört.
»Dieser wild gewordene Köter! Es ist zum Aus-der-Bahn-Geraten«, schimpft der oberste Touristenguru. »Dem muss man mal tüchtig den Mars – äh, den Marsch blasen! Der reinste Höllenhund!«
»Ja, ein Höllenhund!«, ruft der Sternwächter vom Neptun, der sich jetzt in den Funkverkehr eingeschaltet hat. »Man muss ihm schnellstens das Maul stopfen. Wie schon gesagt: Es ist zum Aus-der-Bahn-Geraten!«
»Bloß nicht!«, ruft Rocky erschrocken. »Ich kümmere mich sofort darum!« Er klettert aus dem Bett und grübelt: Mit einem Höllenhund hat er es noch nie zu tun gehabt. Was braucht man da? Eine

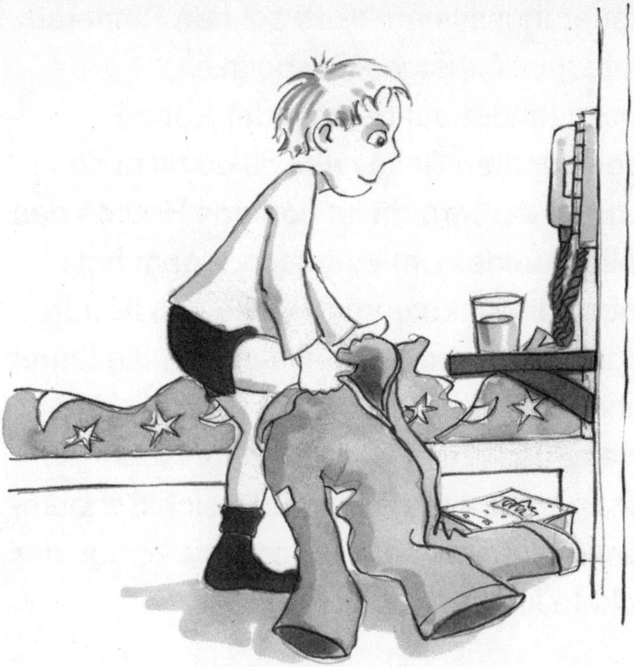

Leine? Einen Maulkorb? Nun, er ist schon mit schwierigeren Dingen fertig geworden … Schlaftrunken schlüpft er in den Raumanzug und besorgt sich alles Notwendige.
Auch Feuervogel scheint noch zu schlafen, denn erst nach drei Fehlzündungen gelingt es Rocky, ihn zu starten. Aber dann nimmt Feuervogel mit seinem vollautomatischen

Steuerungssystem Kurs auf den Planeten Pluto, in Höchstgeschwindigkeit.
Rocky landet auf der von der Sonne abgewandten Seite, weil es da nicht so heiß ist. Außerdem ist dort das Heulen des Höllenhundes am lautesten. Kaum hat Rocky die Raketentriebwerke von Feuervogel abgeschaltet, muss er sich die Ohren zuhalten.
»Nein, das hält man ja im Kopf nicht aus!«, murmelt er und steckt sich Schaumgummistöpsel in die Ohren, ehe er aus der Rakete klettert.

Jetzt kann er die Beschwerden der genervten Bewohner auf den Nachbarplaneten verstehn. Dieses Geheul ist ja wirklich unerträglich. Lauter und lauter wird es. Da helfen auch keine Ohrstöpsel. Da es dunkel ist, kann Rocky die Lärmquelle erst erkennen, als er unmittelbar davor steht. Im Kegel seiner Stableuchte erkennt er einen winzigen Hund.

»Unmöglich, dass so ein kleiner Kerl solchen Krach macht!«, ruft Rocky verblüfft. Er nimmt die Stöpsel aus den Ohren, legt den Zeigefinger auf den Mund und sagt: »Psst! Leise! Sonst mach ich die Stöpsel wieder rein. Dann kann ich nicht verstehn, was du sagst. Also leise: Warum heulst du so laut?«

»Da-da-das b-b-bin nicht ich. Das ist das Echo in den Felsen!«, behauptet der kleine Hund. »Und überhaupt, wenn ich leiser heule, dann hört mich ja keiner.«

»Da hast du allerdings Recht. Hast du einen Grund für dein Geheul?«

»Weil ich so alleiiiiiijjjn bin, huhuhuhuuuuu!«
»Hör bloß auf. Auf den Nachbarplaneten kann niemand schlafen, sie beschweren sich!«, ruft Rocky erschrocken. »Und überhaupt: Jetzt hast du keinen Grund mehr zu heulen. Jetzt bist du ja nicht mehr allein.«

»Bleibst du bei mir?«, ruft der kleine Hund erfreut und kommt schwanzwedelnd auf Rocky zugelaufen.
»Ja, das heißt nein, ich muss wieder …«
»Huhuhuuuuu. So alleiiiijjjjn!«, heult der kleine Hund sofort wieder los.
»Pschsch! Sei sofort still und lass mich ausreden! Wir werden einen Weg finden …«
»Du bleibst also?«, fragt der Kleine hoffnungsvoll.
»Nein, ich muss …«
»Huhuhuuuuu. So alleiiiijjn!«, legt er gleich wieder los.
»Ruhe!«, brüllt Rocky ärgerlich. Sofort herrscht Stille. Und Rocky sagt leise, aber bestimmt: »Ruhe! Ruhe! Ruhe! Fang bloß nicht wieder an zu heulen, sonst fliege ich ohne dich nach Hause.«
»Du willst mich mitnehmen?«, ruft der kleine Hund und hüpft in die Höhe.
»Wenn es gar nicht anders geht«, seufzt Rocky. »Allerdings musst du mir etwas versprechen.«

»Und das wäre?«
»Dass du nicht heulst, wenn du bei mir auf dem Planeten Pi bist. Sonst schick ich dich mit der nächstbesten Rakete zum Pluto zurück!«
»Geschworen«, sagt der kleine Hund und sieht Rocky treuherzig an. »Ich hab dann ja auch keinen Grund mehr.«
»So?«
»Ja, denn ich heule ja bloß, weil sie mich hier mutterseelenallein ausgesetzt haben.«
»Und warum?«
»Weil ich eine so scheußliche Stimme habe. Keiner mag mich leiden.«
»Quatsch«, sagt Rocky. »Deine Stimme ist nicht scheußlich. Sie ist bloß ein bisschen laut. Du musst eben damit umgehen lernen. Das kann man üben.«
»Wirklich?«, fragt der kleine Hund ungläubig. »Leiser sein kann man üben?«
»Na klar. Wie heißt du eigentlich?«
»Bomm«, sagt der Hund. »Und du?«
»Ich bin Rocky vom Planeten Pi.«

»Von der neuen Notfallstation?«, ruft der kleine Hund erfreut.
»Genau!« Rocky nickt. Das heißt, eigentlich wippt er mit dem Helm seines Raumanzuges. Bomm deutet es richtig.
»Also komm, steig ein. Wir müssen uns beeilen. Wenn die Sonne auf dieser Seite des Planeten aufgeht, dann wird es hier ungemütlich heiß. Und das ist in ein paar Minuten der Fall.«
»Ich komm ja schon!«, ruft Bomm aufgeregt. Er läuft hinter Rocky her und weicht ihm nicht von der Aluminiumferse, bis sie bei Feuervogel angekommen sind.
»Gut, dass du nicht größer bist!«, sagt Rocky zufrieden, als der Kleine sich neben ihn in das Cockpit zwängt.
»Du musst dich anschnallen!« Rocky deutet auf den zweiten Sitzgurt.
Bomm gehorcht ohne Widerspruch. Gespannt beobachtet er dann, wie Rocky die Bordinstrumente bedient und schließlich vom Planeten Pluto abhebt.

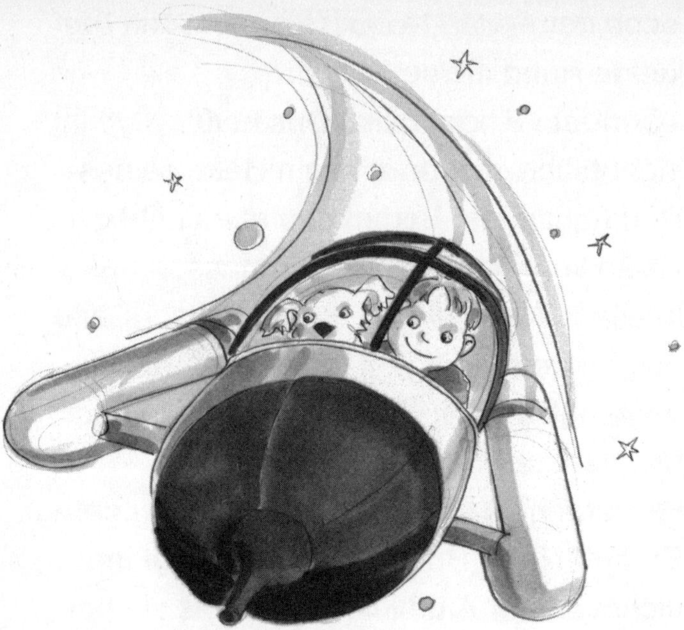

Nach dem geglückten Startmanöver schaltet sich Rocky wieder in den Funkverkehr ein. »Rocky von Pi an alle Planeten: Geräuschquelle ausgeschaltet, Störenfried vom Pluto entfernt.« Zufrieden, als wäre er nie anders gereist, fliegt Bomm mit Rocky durch die Sternenwelt. Eigentlich wollte ich schon immer gern einen Hund, überlegt Rocky. Er schielt auf den kleinen Struwwelkopf, der jetzt seine feuchte Schnauze an die Windschutzscheibe drückt, und seufzt: »Na ja, hoffentlich bereue ich es nicht!«

Lakritze-Drachen

Der kleine Höllenhund gewöhnt sich auf Pi rasch ein. Schon am ersten Tag erkundet er den ganzen Planeten. Er beschnüffelt die Sternblumen und hebt sein Bein am Mondbaum. Er nimmt ein Bad im Kratersee. Rocky findet es gut, dass er jetzt jemanden hat, mit dem er reden kann.
Allerdings hat Bomm ein Laster: Er isst schrecklich gern Lakritze-Drachen. Und immer wenn die Drachen alle sind, fängt Bomm an zu jaulen.
Lakritze-Drachen gibt es nur in einem ganz bestimmten Süßwarenladen auf der Milchstraße.
Rocky richtet es so ein, dass er auf dem Rückweg von seinen Einsatzflügen öfter in der Milchstraße vorbeikommt. Da kann er

auch die meisten anderen Dinge besorgen, die er für das Leben auf Pi braucht.
Bomm mag nicht nur Drachen aus Lakritze. Er liebt Drachen und Drachengeschichten über alles. Vielleicht kommt es daher, dass seine Vorfahren aus dem Sternbild Drachen stammen, dessen Schwanzspitze der Polarstern ist.
»Wenn ich groß bin, werd ich mal Feuerdrache«, sagt Bomm. Rocky erklärt ihm, dass das nicht geht. »Du kannst höchsten Feuer**hund** werden!«
»Dann werd ich eben Feuer**hund**!«, knurrt Bomm.

»Feuerhund und Feuervogel. Das passt gut zusammen!«, findet Rocky.
Rocky freut sich, dass er jetzt Gesellschaft hat. Zumindest tagsüber ist es gut, Bomm zu haben. Nachts allerdings kann er lästig werden. Zwar heult er nicht mehr, weil er

sich jetzt nicht mehr einsam fühlt. Aber er schnarcht laut vor Zufriedenheit. Das raubt Rocky den Schlaf.
Rocky versucht alles. Er weckt Bomm.
Er bindet ihm ein Tuch um die Schnauze.
Aber es nützt nichts: Bomm schnarcht, als wollte er sämtliche Mondapfelbäume auf einen Streich umsägen. »Was kann ich bloß dagegen tun?«, überlegt Rocky. Bomm muss ausziehen! Er braucht ein Hundehaus. Aber wie kann er das dem kleinen empfindlichen Kerl klarmachen, ohne dass er wieder den Mond anheult und das ganze Weltall in Aufruhr versetzt?
Rocky überlegt tagelang. Dann kommt er auf die Idee mit der Drachenhöhle.
»Traust du dich, in einer richtigen Drachenhöhle zu übernachten?«, fragt er Bomm beim Frühstück.
»Na klar«, sagt Bomm. »Gibt's hier eine?«
»Ja, im Berg Po am hinteren Rand des Kratersees, bei dem kleinen Wasserfall. Wollen wir sie suchen?«

»Au ja!«, ruft Bomm begeistert.
Natürlich finden sie die Höhle, Rocky kennt sie schon lange.
»Und da hat ein richtiger, echter Drache drin gewohnt?«, erkundigt sich Bomm.
»Klar. Sogar einer, der Feuer spucken konnte.«
»Wow! Dann zieh ich ein«, ruft Bomm begeistert.

»Bist du nicht traurig, wenn du jetzt allein schlafen musst, Rocky?«
»Ein wenig schon«, sagt Rocky.
»Andererseits kannst du dann nachts besser schlafen, wenn ich zum Einsatz muss.«
»Da hast du Recht«, sagt Bomm.
»Wir sind ja den ganzen Tag zusammen. Und außerdem kann ich den Eingang zu deiner Höhle von meinem Schlafzimmerfenster aus sehen.«

»Geht in Ordnung«, sagt Bomm. »Und wie steht's mit den Lakritze-Drachen?«

»Jeden Abend einen! Kannst du dir bei mir abholen«, verspricht Rocky.

Noch am gleichen Abend nimmt Bomm seine Schlafdecke und zieht in die Drachenhöhle ein. Rocky steht jeden Abend am Schlafzimmerfenster und morst mit der Taschenlampe:

»G-u-t-e N-a-c-h-t-!«

Und dann schlafen sie gut. Alle beide. Bomm in der Höhle des Drachen und Rocky im Felsenhaus.

Stunk auf Strunkstrunk

Rocky erreicht ein Notruf von Amnesty Universal: »Mayday, mayday!«, meldet sich der Einsatzleiter. »Höchste Gefahr! Eckheads vom Planeten Kubus sind in die Gewalt der Rundkopf-Rüssel-Hagga-Haggas geraten. Es besteht die Gefahr, dass sie aufgespießt und getötet werden!«
»Und was soll ich dagegen tun?«, erkundigt sich Rocky ein wenig unsicher.
»Bestimmt beruht alles nur auf Verständigungsschwierigkeiten. Du müsstest so schnell es geht einen Dolmetscher zum Strunkstrunk bringen. Ricky vom Planeten Ma ist schon 12 Stunden mit ihm unterwegs und kommt dir entgegen. Sie kann nicht länger fliegen, sonst ist sie übermüdet und verliert außerdem ihre Fluglizenz. Sie wird in

etwa einer Stunde bei dir sein. Dann musst du den Weitertransport des Dolmetschers übernehmen.«

»Geht in Ordnung!«, sagt Rocky und macht sich startbereit. Ricky vom Planeten Ma? Mit der hat er doch neulich erst im Internet gechattet ...

Rickys Raumschiff heißt »Albatros« und ist schneeweiß. Fachmännisch beobachtet Rocky die elegante Landung. Jetzt geht

die Tür auf und die automatische Treppe schiebt sich heraus.
»Wow!«, ruft Rocky überrascht, als Ricky in einem feuerroten Raumanzug die Alutreppe herunterkommt. Die sieht ja toll aus. Sie gefällt ihm genauso gut wie ihr Raumfahrzeug und das will was heißen. Hinter ihr folgt der rüsselnasige Quadratschädel des Dolmetschers. Den eckigen Kopf verdankt er seinem Vater, der vom

Kubus stammt. Den Rüssel hat er von seiner Mutter, einer Hagga-Hagga, geerbt. Er heißt Gutupus und ist ein Sprachgenie. Er kennt 36 verschiedene Sprachen und 112 galaktische Dialekte.
Was für ein ungleiches Paar!
»Hallo Rocky«, sagt Ricky. »Ich wollte dich schon immer mal kennen lernen. Man hört ja die tollsten Sachen von dir.«
»So? Hört man?«, sagt Rocky ein wenig verlegen.
»Na, das mit der Rettung des Professors aus der Kraterspalte war doch Klasse«, sagt Ricky.
»Man tut, was man kann«, sagt Rocky.
»Begleitest du mich noch bis zum Strunkstrunk oder bist du zu müde?«
»Äh – ich denke schon, dass ich mitkommen kann«, sagt Ricky. »Ich hab ja jetzt sowieso Flugverbot wegen Übermüdung und könnte nicht zum Planeten Ma zurückfliegen. Falls du nicht beleidigt bist, wenn ich unterwegs schlafe!«

»Ist doch klar«, sagt Rocky. »Ihr solltet euch ausruhen. Feuervogel und ich erledigen den Rest.«
»Fein, dann bin ich wieder fit für den Rückflug«, seufzt Ricky und gähnt.
»Wuff!«, macht es da auf einmal hinter ihnen.
»Und was ist mit mir?«, fragt Bomm vorwurfsvoll.
»Du bleibst hier und passt auf unseren Planeten auf!«, sagt Rocky.
»Neijjjjn. Ich will aber mitkommen!«
»Nein, du bleibst hier. Bei den Hagga-Haggas auf Strunkstrunk ist es viel zu gefährlich für dich. Das sind nämlich Hundefresser.«
»Wirklich?«, fragt Bomm und sieht erschrocken von Rocky zu Ricky.
»Wirklich«, versichert auch Ricky und lächelt.
»Beeilung!«, ruft Dolmetscher Gulupus, der einen neuen Notruf von Amnesty Universal aufgefangen hat. »Sonst schlagen sie auf

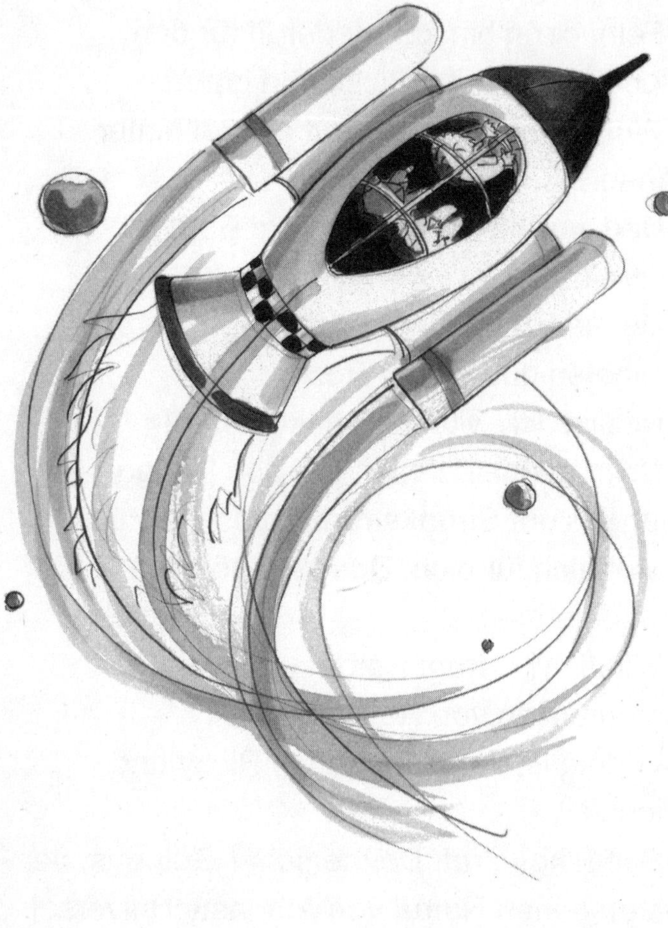

Strunkstrunk den Reisenden vom Planeten Kubus die achteckigen Quadratschädel ein.« Er klettert mit Ricky auf die hintere Sitzreihe und schnallt sich fest.

»Feuervogel, zeig, was du kannst!«, murmelt Rocky beim Start und schaltet wieder den Zeitraffer ein. In Rekordgeschwindigkeit rast er durchs All und umfliegt den Stoßverkehr auf der Milchstraße; er erreicht den Strunkstrunk auf einem Schleichweg. »Mann, das war stark!«, sagt Ricky beeindruckt, als sie schließlich sanft landen.

»Gut gemacht, Feuervogel!«, murmelt Rocky stolz und klopft auf die Schaltuhr, hinter der das Herz des Raumschiffes schlägt.

Als sie aus der Rakete klettern, kommen schon einige der rundköpfigen Rüssel-Hagga-Haggas auf sie zugelaufen und schwingen stachelige Keulen. »Halt!«, ruft der eckköpfigrüsselnasige Dolmetscher in der Landessprache. »Keinen Schritt

weiter. Und ich will euren Häuptling sprechen!«
Die Rüsselmännchen stecken die Köpfe zusammen und beraten aufgeregt. Schließlich scheinen sie sich dafür zu entscheiden, den Häuptling zu holen. Ricky und Rocky sehen sich achselzuckend an, dann folgen sie Dolmetscher Gulupus, der hinter den Hagga-Haggas herläuft.

So erreichen sie die Siedlung. Eigentlich sind es lauter schlammige Höhlenlöcher in einer Felswand, aus denen jetzt neugierig Hunderte von kleinen und großen Rüsseln heraushängen. Kleine grüne Augenpaare folgen jedem ihrer Schritte. Schließlich erreichen Ricky, Rocky und der Dolmetscher einen Platz, auf dem kräftige, elefantenbeinige Rüssel-Hagga-Haggas einen stampfenden Tanz aufführen.
Rocky entdeckt die Eckheads vom Planeten Kubus als Erster. Sie sind an einen Trompetenbaum gefesselt.
Jetzt schreitet der grauhäutige Häuptling würdevoll auf die Neuankömmlinge zu und fragt dabei seine borstigen Wächter finster, ob das ebenfalls Spione seien.
Da mischt sich sofort mutig der Dolmetscher ein. »Wir sind eine Friedenstruppe von Amnesty Universal, großer Häuptling. Wir sind gekommen, um die Gefangenen zu befreien.«
»Sie werden ermurkst!«, sagt Häuptling

Haddam Haggain finster. »Sie wollten unser goldenes Ei rauben!«
»Gelogen!«, ruft empört Ken Kubus, der Anführer der Eckheads vom Trompetenbaum her. »Wir sind Touristen. Wir haben uns das komische Ding bloß angesehen.«
»Terroristen. Ich hab's gesagt«, flüstert der rotäugige Medizinmann seinem Häuptling zu. Der Dolmetscher verbessert ihn und übersetzt korrekt.

»Sie haben Blitze auf unser allerheiligstes Ei geschleudert!«, ruft Haddam Haggain empört. »Darauf steht die Todesstrafe!« Seine Männer nähern sich mit aufgepflanzten Spießen den Gefangenen.
»So helft uns doch!«, jammern die Eckheads.
»Diese Rüsselnasen meinen es ernst! Und dabei haben wir nur ein paar Fotos gemacht!«, rechtfertigt sich Ken Kubus.
»Mit Blitzlicht!«, fügt einer seiner Stammesbrüder hinzu.
»Schluss mit dem Palaver! Aufhängen!«, ruft der Hagga-Hagga-Häuptling wütend.

»Halt!«, mischt sich Rocky ein. »Es ist alles ein Irrtum. Hört doch, was sie sagen!« Er schiebt den Dolmetscher zwischen Häuptling und Gefangene. Die erklären jetzt noch mal genau, was die Absicht ihres Besuches war.
Der Dolmetscher übersetzt aufgeregt und mit wilden Gesten, dass die gelehrten Eckheads in einem schlauen Buch, das man auf Kubus »Lexikon« nennt, Ruhmvolles über die Hagga-Haggas berichten wollen. Deshalb haben sie mit einem kleinen schwarzen Kasten Abbilder von dem riesigen Ei gemacht. Das Licht des

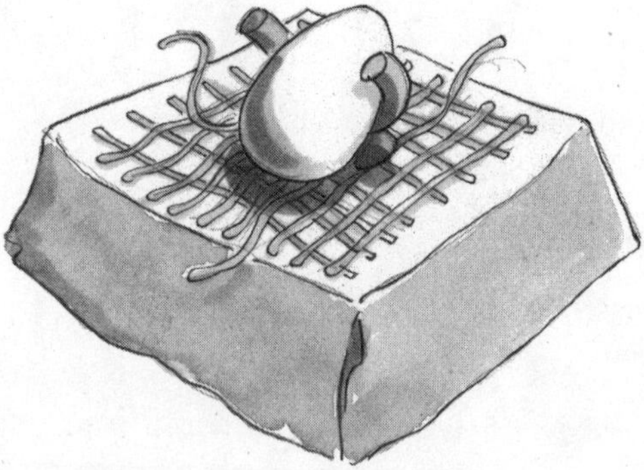

kleinen Blitzes sei ganz harmlos und diene nur dazu, das überaus berühmte Ei ins rechte Licht zu rücken. »Wir haben noch nie ein so großes Ei gesehen!«, versichert Ken Kubus. »Wir mussten es fotografieren und vermessen. Wir sind Eierforscher. Unser Projekt wird von der galaktischen Eiernudelindustrie gesponsert.«
Das Palaver dauert noch eine ganze Weile an. Dolmetscher Gulupus leistet ein Meisterwerk diplomatischer Vermittlungsarbeit. Endlich werden die Fesseln der gefangenen Kubaner gelöst. Ricky und Rocky sind unterdessen zu Feuervogel zurückgeeilt, weil Hunderte von rüsselnasigen Kindern auf dem Raumfahrzeug herumklettern.
»Lauter Tapser. Alles voll Lehm und Modder«, seufzt Rocky. »Da werd ich drei Tage polieren müssen, damit er wieder einigermaßen sauber ist.«
»Ich werde dir dabei helfen«, verspricht Ricky. »Aber ich denke, wir sollten den

Rüsselkindern den Spaß nicht verderben.«
Dem Verhandlungsgeschick des Dolmetschers ist es zu verdanken, dass die Gefangenen nicht nur freigelassen werden, sondern auch gleich wieder ihr Raumschiff besteigen dürfen.
»Der Dank der Kubaner ist Ihnen gewiss!«, versichert Ken Kubus seinem Retter, und er überredet Dolmetscher Gulupus, auf der Rückreise auf dem Planeten Kubus ein paar Tage Station zu machen, um seine Verwandten zu besuchen.
»Ich hoffe, du willst nicht auch mit dem Dolmetscher zum Kubus reisen?«, sagt Rocky zu Ricky.
»Ich fliege mit dir«, sagt Ricky. »Ich kann doch mein Raumschiff auf Pi nicht im Stich lassen. Außerdem würde ich auf Kubus ja kein Wort verstehen. Und dich versteh ich.«
»Ich dich auch!«, sagt Rocky und ist glücklich. Dass Feuervogel aussieht, als habe er sich wie ein Nilpferd in einem

Schlammloch gewälzt, macht ihm jetzt gar nichts mehr aus.

Intergalaktischer Weltraumschwur

Bomm liegt vor seiner Drachenhöhle und langweilt sich. Wo Rocky bloß bleibt? Außerdem sind die Lakritze-Drachen alle. Als er in der Ferne das Fauchen der Rakete hört, stimmt er ein ohrenbetäubendes Freudengeheul an.

»Aber Bomm«, sagt Rocky, als er aus dem Cockpit klettert. »Du wolltest doch das Leisesein üben!«

»Aber ich frojjjj mich so!«, jault Bomm. Und dann wandert sein Blick besorgt zu Ricky. »Was ist mit ihr? Muss sie nicht wieder nach Hause?«

»Sie bleibt ein bisschen zu Besuch!«, sagt Rocky.

»Ach so«, brummt Bomm. »Ich dachte schon, die bleibt für immer.«

»Schön wär's«, sagt Rocky mit einem schnellen, verlegenen Blick zu Ricky.

»Ich muss doch mein Raumschiff zurück nach Ma bringen«, versichert Ricky rasch. »Dort macht man sich sonst Sorgen.«

Als Rocky ganz enttäuscht dreinsieht, fügt sie rasch hinzu: »Aber ich besuch euch wieder, so bald ich kann!«

Und dann essen sie und trinken und polieren Feuervogel so gut es geht. Und Bomm hüpft ihnen zwischen den Beinen herum, als sei er die Hauptperson.

»Jetzt wird es wirklich Zeit für meinen Rückflug«, bedauert Ricky schließlich nach einem Blick auf die Sternenuhr.
»Jammerschade!«, murmelt Rocky.
»Ich komm bald wieder«, verspricht Ricky.
»Geschworen?«, vergewissert sich Rocky und fasst nach ihrer Hand.
»Intergalaktischer Weltraumschwur!«, versichert Ricky und lacht vergnügt.
»Und vergiss nicht, mir Lakritze-Drachen

mitzubringen!«, ruft ihr Bomm nach, als sie in ihr Raumschiff einsteigt. »Jauuuvuul!«

»Psst!«, ruft Rocky und hält Bomm mit der rechten Hand die Schnauze zu. Mit der linken Hand winkt er Ricky und ihrem silberglänzenden Albatros nach, bis sie an der nächsten Krümmung des Weltraums verschwunden sind.